ブックオフから考える

「なんとなく」から生まれた文化のインフラ

これぞ、神隠しである。
私はブックオフで神隠しに遭ったのだ。

谷頭和希

青弓社

目次

ブックオフから考える

――「なんとなく」から生まれた文化のインフラ

カバー装画――斉木駿介
表紙・本扉・章扉イラスト――飯島健太朗
装丁・本文デザイン――山田信也［ヤマダデザイン室］

プロローグ
——ブックオフで神隠しに遭う

大人になったいま、迷子にはほとんどならない。

「ブックオフで迷子になる人」

そんな人がいるだろうか。いると思う。かくいう私がそうなのだ。「迷子にはほとんどならない」と書いておきながら、どういうことかと思うだろう。しかしブックオフだとつい迷子になってしまうのだ。いま、「迷子になる」と書いたのは、ここで「ブックオフで迷子になった」経験を書いてみようと思うからだ。

それはいつのことだっただろうか。宮沢章夫が書いた『サーチエンジン・システムクラッシュ』（〔文春文庫〕、文藝春秋、二〇〇五年）という本をふと読みたくなった私は、ブックオフ池袋サンシャイン60通り店へ足を運んだ。目当ての本、あるだろうか。まずは文庫本の棚を探す。ブックオフで売られている文庫本は、一般の中古価格で売られているものと百円で売られているものの二つがある。これがややこしい。両方の棚には五十音が書いてある同じようなプレートが掲げられていて、ますますわかりづらい。本の所在を表すはずのプレートが裏目に出る。

そうこうしているうちに、五十音のプレートが目的の「み」をとうに通り過ぎて「わ」になっている。あれ、いつの間に通り過ぎたんだ。「み」はどこだ。もしかすると棚の裏かもしれない。そう思って棚の裏を見てみると、今度は二百円コーナーに突入した。売れ残った文庫や新書は百円で売られるのだが、売れ残った単行本のほうは二百円で売られていて、百円コーナーの近くにひしめいている。こうなるともうわからない。

そんななかをふらふらとさまよい歩いていると、あった。『サーチエンジン・システムクラッシュ』ではない「『サーチエンジン・システムクラッシュ』っぽい本」だ。

『システムエンジニアの仕事って…!?――気になる仕事をチェック!』（牧村あきこ、技術評論社、二〇〇五年）

あったのは私が普段は絶対に行かないであろう、「情報・コンピューター産業」の棚。『サーチエンジン・システムクラッシュ』の書名とどことなく似ている。それに『サーチエンジン・システムクラッシュ』のタイトルから察するに、小説ではサーチエンジンがシステムクラッシュしてしまったのだ。それを正常に修理するにはきっと「システムエンジニア」が必要とされるはずだ。だからこその『システムエンジニアの仕事って…!?』だ。せっかくのめぐり合い。なかをのぞいてみよう。ページを開いてみるとこう書いてある。

「本書は、SEとは何なのかという問いに、答えを出すための本です」

大きく出た。「答えを出す」のだ。そこにはブックオフでふらふらと迷子になってしまうような弱気な雰囲気はない。やけに強気だ。きっと「SEとは何であるのか答えを出す」人は迷子にならず、「SEとは何か」という目的地に向かって徹底的にまっすぐ進むのだ。

さらに読み進めると、そこにはシステムエンジニアの基本的な仕事から専門用語の解説までが書いてあり、確かにこれを読めばシステムエンジニアの何たるかがよくわかりそうな、簡潔かつ明瞭な一冊になっている。しかし、そのことを確認したとき、私の興味は、ちょうどこの本の真向かいにあった本に移っていた。

『なぜ、人を殺してはいけないのですか』（ヒュー・ブラウン、幻冬舎、二〇〇一年）

突然問われてしまった。先ほどの「本書は、SEとは何なのかという問いに、答えを出すための本です」というのが、やけに軽薄に感じられてしまう。この本の一ページ目にこう書いてあったらどうしよう。

「本書は、なぜ、人を殺してはいけないのかという問いに、答えを出すための本です」

ほしい。もし、そんな簡潔に答えが出るならば世界はもう少し平和になるのではないか。でも、こんなことをいきなり断言されても困るだけだし、そんな本はいやだなあ。この本にはぜひとも「迷子」になってもらいたい。この本がある棚もまた、普段の私だったらあまり行かない「哲学・倫理」の棚である。

『サーチエンジン・システムクラッシュ』を求めて始まったブックオフ迷子の旅はなかなかに面白い。世の中に実にはいろいろな本があるものだ。しかし、問題がある。

「目的の本が見つからない」

いま、私は二百円均一の単行本が売られている棚に囲まれている。四つほどの棚には長期間売れ残った有象無象の単行本が値下げされてぎっしりと詰まっている。かろうじて「哲学・倫理」とか「ヘルス」とか「映画」といったジャンルを示す札があるだけで、どこに何があるかわからない。まさに迷子を誘発するコーナーだ。そしてそんな場所にいては目的の本が見つかるはずもなく、途方に暮れるしかない。くらくらとそのコーナーを放浪していると、目の前に現れた本に強く魅き付けられる。

『あなたはなぜ「カリカリベーコンのにおい」に魅かれるのか――においと味覚の科学で解決する日常の食事から摂食障害まで』(レイチェル・ハーツ、川添節子訳、原書房、二〇一八年)

気になる。気になるじゃないか。知りたいぞ。なぜ私たちはカリカリベーコンのにおいに魅かれてしまうのか。

気づけば私はレジに並んでいた。手のなかには、『あなたはなぜ「カリカリベーコンのにおい」に魅かれるのか』がある。なぜだ。そもそも私は何をしていたのか。そうだ、『サーチエンジン・システムクラッシュ』を探していたのだ。そしてそれが探せないがゆえに、くらくらとブックオフを放浪していたのだ。しかしなぜだ。いま私の手元には『あなたはなぜ「カリカリベーコンのにおい」に魅かれるのか』がある。仕方ない、読もう。

この国(アメリカ)には、ベーコンのにおいがついた商品がたくさんある。キャンドルや目覚まし時計から、なんと下着まで。

(前掲『あなたはなぜ「カリカリベーコンのにおい」に魅かれるのか』)

なんてことだ。アメリカ人はどこまでもベーコン好きらしい。同書によれば、こうしたにおいへの嗜好は後天的な学習によって獲得されるものらしく、またその形成には脳のはたらきが重要になってくるらしい。しかし、私はそんなことを知りたくなどない。そんなことはどうだっていい。私は『サーチエンジン・システムクラッシュ』を探していたのだ。それがどうだ。いつの間にか私はアメリカのベーコン事情に思いを馳せていた。

これは神隠しではないか、と、ふと思った。目的の本を探すために店内を歩いていたのが、いつの間にか知らない本に囲まれた知らない世界に連れ込まれていた。これは、神隠しである。私はブックオフで神隠しに遭ったのだ。目的を見失い、同じような棚が立ち並ぶブックオフで迷子になる。それはまさに、知らなかった世界に迷い込み、思わぬ本を手にする神隠しなのだ。

そんなブックオフの世界に、私は入ってしまったのだ。

BOOK・OFF

序章 いまこそ、ブックオフを考えよう

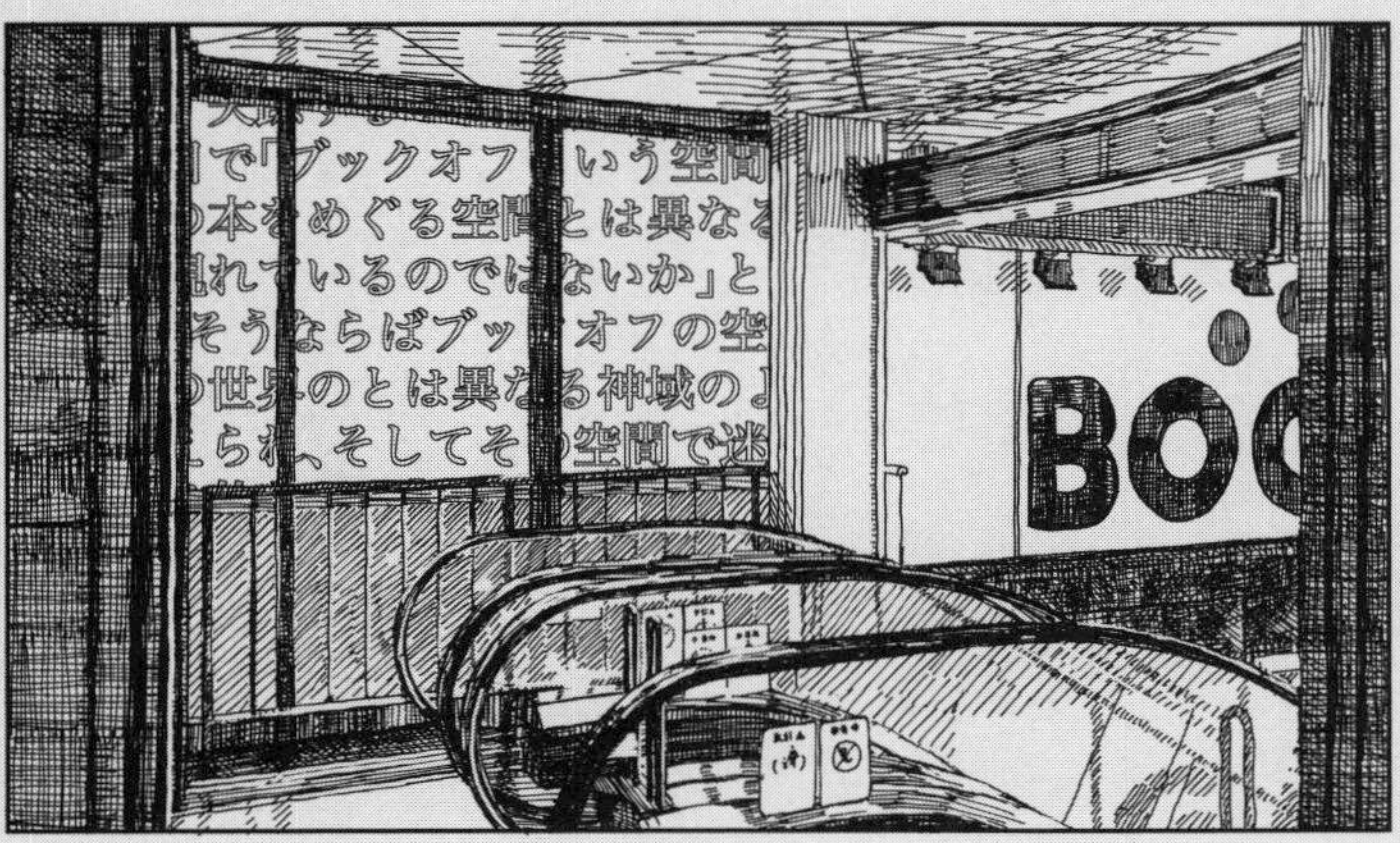

ブックオフの社会的・文化的意義とはどこにあるのか――。

これが、本書に課されたミッションです。

そして、それを解く鍵が、ブックオフが持つ「なんとなく性」にあるのではないか――。

この簡単な一文が本書の結論です。

ブックオフ。一九九〇年から営業を開始した古本屋チェーンです。現在では創業三十年を超え、国内店舗は八百店弱ほど。古本屋としての事業以外にも東京・表参道にある新刊書店・青山ブックセンター（ABC）の運営、ブックレビューサイトの「ブクログ」の運営など、幅広い事業をおこなっています。本だけでなく、CDやDVD、家電から果てはブランド品まで、さまざまな中古品を扱う総合リサイクルストアとしても有名になっています。創業当時は、古本業界の革命児として扱われ、その斬新な買い取りシステムが高く評価されました。一方で、旧来の古書店とはあまりにもかけ離れたシステムのために、出版業界からは大きな非難も寄せられました。その批判の原因になったブックオフのシステムについては後述しますが、いずれにしてもそのインパクトは非常に大きかったのです。本書を手に取ってくださる人のなかには、ブックオフによく行く人も多いでしょう。そうでなくとも、一度は訪れたことがある人が多いのではないでしょうか。

そんなブックオフの社会的・文化的意義について考えることが本書の目的です。

なぜ、ブックオフの意義を考えるのか。それは、ブックオフというものが私の生活のなかになんとなく存在する書店空間であり、その「なんとなく」のあり方を言語化し、記録として残しておかなければならないと思うからです。私にとってブックオフとは、特別な書店空間ではありませんんでした。遊園地のように、そこにいくことが特別性を帯びているわけでもなく、休日に気合を入れていくような場所でもありません。気づいたらふらっと行っている、そんな「なんとなく」の場所でした。一方で、そのような場所は「なんとなく」あるがゆえに、記録として残されにくいという特徴があります。例えば、書店空間についての言説でも、新宿にある紀伊國屋書店や個人経営の趣がある古書店などは記録として残されやすいでしょう。そうした書店にフォーカスした本や記事は数多くあります。しかし、わざわざブックオフを取り立てて語るということはなかなかありませんし、ともするとその場所は語られないままになってしまうのではないでしょうか。しかし、語られない、ということはイコールその場所に価値がない、ということではありません。私はこの場所によく足を運んでいるということもあって、どうにかしてこの場所を語り、言葉として残すことができないかを考えるようになりました。あえて、この「なんとなく」ある場所を言葉にしてみたいのです。だから、本書を書くことにしました。

そして、その際に重要な考え方として私が提出したいのが、ブックオフにある「なんとなく性」です。

では、そもそもこの「なんとなく性」とはどのような性質で、それは具体的にどのようにブックオフの意義を形作っているのか。ここからお届けする各章では、それらのことを何ページもかけてみなさんにお伝えしていきます。

ブックオフが持つ「なんとなく性」とは何か

「なんとなく性」とは何でしょうか。「なんとなく」、つまり「目的がないこと、はっきりとした理由がない」ということ。ブックオフの棚には「明確な目的」があるわけではなく、「なんとなくそこに存在している商品」が多くあります。

そもそも、従来の古本屋は、その本屋を営む店主が自身の目利きによって本を選びます。ですから、そこでは本の内容的な価値が問われ、持ち込まれた本がすべて書棚に反映されるわけではありません。その古本屋が持つ「カラー」によってその書棚が決定されるのです。そこには品ぞろえについての目的があり、意図があります。

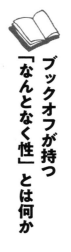

一方でブックオフの書棚は、このような「目的」や「意図」の度合いが相対的に低いのです。これを説明するためには、ブックオフの買い取りシステムを考える必要があります。ブックオフの買い取りシステムは「出し切り」と呼ばれていて、それは「買い取った商品は、必ずその日のうちに加工して棚に並べるという鉄の掟」です（「ブックオフ創業30周年記念！スペシャル座談会――8人の社員たちが語る、創業から未来まで」二〇二〇年五月十四日「ブックオフをたちよみ！」）。

「出し切り」を採用することで、ブックオフの棚には、周辺住民が売ったものがそのまま並ぶことになり、ブックオフ側の意図を超えた品ぞろえが生まれるのです。まさに、ただ「なんとなく」存在する商品で書棚が埋め尽くされるのです。したがってその商品棚は（もちろんベストセラーなどが多く集まるという点では一致するかもしれませんが）地域によってばらつきが生まれます。例えば、アニメの街としても知られるブックオフ池袋サンシャイン60通り店では、アニメ関連の書籍が多く見られます。それは、いま語ってきた理由によって、池袋という街の特徴を、その書棚が反映しているからかもしれません。これ以外にも、地域色が豊かなブックオフは数多く存在します。東京・中央線沿線のブックオフは、サブカルチャーや精神世界の本が数多くそろっています。ブックオフ東中野店は、店頭に「精神世界大歓迎」という張り紙が貼ってあります。これを見たときはさすがに笑ってしまいましたが、アンダーグラウンドカルチャーの気風が色濃く残る中央線沿線らしい品ぞろえだともいえるでしょう。あるいは、日本でいちばん標高が高い富士山の麓にあるブックオフ富士吉田店には、富士山関連の本が多くそろっています。そのなかには富士山の写真集や、富士山噴火に関する科学的な知見を述べたものなどさまざまな本があります。その周辺に住む人々の蔵書に富士山に関する本が多く、それらが売りに出された結果、こうした本のバリエーションが生まれたのだと考えられます。

こうした買い取りシステムが作り上げる店舗の多様性は、本書の第2章「「めぐる」——ブックオフから都市を眺めて」で扱いましょう。いずれにしても、ブックオフは、そうした「意図」が相対的に弱い書棚を持っています。ブックオフの書棚を決定する大きな要因は、そこでどのようなものが売られたのかということであり、その点でブックオフ側の意図は弱まります。すると、そこにある商品は何かしらの目的があって置かれているというよりも「ただそこに存在している」ということになります。こう考えていくと、ブックオフが持つ「なんとなく性」の一端がわかると思います。

買い取り基準が生み出す「なんとなく性」

さらにこの「なんとなく性」に関わる重要なシステムが、ブックオフの本の買い取り基準です。ブックオフの新しさの一つは古本の値段設定とその価格を決める方法にありました。従来の古本屋は本に精通した店主がじっくりと一冊一冊を手に取り、中身を見て、その総合的な観点から値段を決めていました。一方、ブックオフでは、古本の価格は「見た目のきれいさ」と「本の新しさ」というわかりやすい基準だけで決まります。いかにそれが古典の名著だったとしても、あるいは著者のサインが入っていようとも、見た目がよくなければ、あるいはそれが古い時代に印刷されたものであれば売り値は最低価格（多くは百円か二百円）になるわけです。

ここで注目したいのは、本がその新しさだけで選ばれることによる影響です。内容での選別がないとどうなるか。買い取りに出されたありとあらゆる本がすべてフラットに「なんとなく」店頭に並ぶのです。

実際、ブックオフを訪れると、どうしてここにこんなものがあるのだろう、という商品が多くあります。逆にいえば、通常の書店や古本屋では置かれなかったようなものでも、ただひたすらその店頭に置かれることによって、本来であれば出会う可能性がなかった本と出会う機会が生まれているのです。実は、そのような出会いを生かして創作活動をおこなっているアーティストも存在しています。それについては、本書の第4章「「つくる」――ブックオフ文化人たちのこと」で扱うことにしましょう。

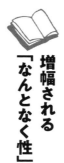

増幅される「なんとなく性」

また、ここで付け加えたいのが、近年ブックオフが戦略として採用している「総合リユース店」へのシフトチェンジです。二〇一〇年代に業績が低迷したブックオフは、その業績回復策として、本以外のさまざまな商品を扱うようになりました。

このあたりの事情について、「東洋経済オンライン」に掲載された野口晃による「あの〝ジリ貧〟ブックオフが地味に復活した――2年間の売り場改革で脱「古本屋」の境地」という記事を見てみましょう。野口は、二〇一六年から一八年に業績が低迷したブックオフが、その苦境を脱するために「総合リユース店」へのシフトチェンジをおこなった、と書きます。例えば、ファミリー層が多く訪れる店舗では、ホビーや児童書の買い取りを強化しました。あるいはサーフィンが盛んな湘南・茅ヶ崎のブックオフでは、サーフボードの販売までをもおこなっているというのです。もはやどこが「ブック」なのかと思わずにはいられませんが、このような方向転換は、ブックオフが持つ「なんとなく性」を増幅させているようにも感じます。なぜなら、本以外にもありとあらゆる商品が持ち込まれ、店頭に並ぶことで、ブックオフの店としての意図性がどんどん弱まっていき、すべての商品が徹底して「なんとなく」立ち並ぶ空間がそこに誕生するからです。

先ほども例に出した池袋サンシャイン60通り店もそうです。上のフロアこそ「ブック」がたくさん並んでいますが、下のフロアには家電やらカードやらさまざまなものがぎっしりと並んでおり、周辺住民が持っていたありとあらゆるものがその空間に「なんとなく」堆積しています。こんな「古本屋」（あるいは本屋）はブックオフだけでしょう。

以上のように、ブックオフはその買い取りシステムや買い取り基準によって、ほかの本屋や古本屋とは異なる「なんとなく性」を持つことになったのです。

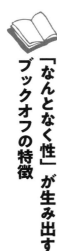

「なんとなく性」が生み出すブックオフの特徴

ブックオフの空間の特徴として「なんとなく性」があることを書きました。そして、この「なんとなく性」がブックオフの空間の特徴や意義を作り上げていると私は考えています。この特徴を考えるときに比較したいのが、コンビニエンスストアです。どうして売っているものが全く異なるコンビニとブックオフを比較するのか、と思う人もいるでしょう。しかし、実はブックオフは初期の段階から「コンビニ」と形容されてきた歴史があります。ブックオフ創業当時に出版された雑誌を見てみると、「マーケティング徹底のコンビニ感覚古本屋」(田中訓、「Venture link」一九九一年十月号、ベンチャー・リンク、七二ページ)、「コンビニ感覚で暗いイメージを払拭」(「古本業界の革命児「ブックオフコーポレーション」のユニークな経営」「実業往来」一九九四年五月号、実業往来社、五二ページ)など、ブックオフはよくコンビニと並べて語られていることがわかります。実際、昼夜を問わず明るい蛍光灯に照らされていることや、店内が整然としていて見渡しやすいこと、ありとあらゆる種類の商品がそろっていることなどを踏まえれば、ある意味で、「コンビニとしての本屋」がブックオフなのだということもできそうです。

日本のコンビニは一九七〇年代初頭にその産声を上げました。七三年にファミリーマートとローソン、七四年にセブン－イレブンが創業し、現在に至るまで日本全国津々浦々にその店舗を展開し続けています。

消費生活コンサルタントとして、コンビニについての著書を数多く執筆している加藤直美は『コンビニと日本人』で各店舗のコンビニの品ぞろえについて以下のような興味深い言及をしています。

コンビニ店舗での商品の売れ行きは、各店舗の立地条件や地域性によって異なりますので、細かく分析され、各店舗に合った品揃えになるよう日々調整されています。この分析に使われるのは、各店舗の売上げや客層などの個別データ（略）、地域の祭事や行事、天気予報、チェーン本部が独自に収集しているデータなど幅広いものです。（略）
背景には、大量のデータや情報（ビッグデータ）を蓄積したり、素早く解析したりできる技術の進歩があります。
（加藤直美『コンビニと日本人――なぜこの国の「文化」となったのか』祥伝社、二〇一二年、二三五―二三六ページ）

このようにそれぞれのコンビニはどの地域でも自社チェーンの店名を掲げる一方で、ビッグデータの処理といった技術的な進展によってそれぞれの地域住民のニーズに見合った商品を過不足なく仕入れて売っています。それに対して、ブックオフではその商品が周辺住民の書棚によって決まっていく「なんとなく性」を持っているために、陳列される商品は本来、店にとっては（およそ売れる見込みがない）不要なものや、通常の書店や旧来の古本屋ではほとんど置かれないであろうものが偶然紛れ込む可能性があります。例えばブックオフ早稲田駅前店（いまはもうなくなってしまいました）の雑誌コーナーを見ていたときのこと。この店にはデアゴスティーニの『鬼平犯科帳 DVDコレクション』がずらっと並んでいました。しかも未開封のままです。こうした光景は通常の書店では見ることができないでしょう。正規の仕入れルートではそのようなことをしても儲からないでしょうし、あまり意味がないからです。店側にはっきりとした意図があればこうした商品は置かれないでしょうが、ブックオフが持っている「なんとなく性」によって、こうした過剰な商品が、偶然に陳列されるのです。

早稲田駅前店以外でも、ブックオフの雑誌コーナーでは同じ種類の異なる号が並んでいる光景を多く見ます。実際、デアゴスティーニなどの定期購読雑誌を買ってみるとわかるのですが、人によっては一定のペースで届いてくる雑誌を全部見ることがだんだんと面倒になり、いつしか開封さえしないまま部屋の片隅に雑誌が積まれることがあります。しかし、雑誌は増え続けても部屋は有限。そろそろ部屋のスペースもなくなってくる、というころになって、よし、ブックオフにでも売るか、となるのです。そうなると、家にある雑誌は全部売ろうということで、同じ雑誌をすべて売ってしまうわけです。あくまでこれは私の妄想でしかありませんが、デアゴスティーニの雑誌などが大量に売られているのを見ると、私はついそのような光景を想像してしまうのです。

このように、ブックオフの書棚には通常の書店や古本屋ではあまり見られないような過剰性と偶然性に満ちた空間が「なんとなく性」の結果として生まれています。そこで生み出される空間はコンビニと似た側面を持ちながら、しかしコンビニのように「地域に合わせて過不足なく商品を供給する」という完全に合目的的なものでもない、独特の空間といえるでしょう。

ブックオフを考えるために

ここから続く各章では、ここまでその輪郭を概観してきたブックオフとそこに見られる「なんとなく性」について、それぞれの切り口から考察していきます。それぞれの章での議論をざっくりと概観しておきましょう。

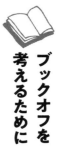

第1章では「「かたる」——ブックオフはどう語られてきたのか」と題して、これまでブックオフがどのように語られてきたのかを見ていきましょう。ブックオフは創業三十年を超え、これまでさまざまに語られてきました。もちろん、先にも書いたとおり、言及される機会はほかの書店や古書店に比べて少ないものにとどまってはいるものの、語られてこなかったわけではありません。そのなかには、ブックオフに対する否定的な語りから肯定的な語り、あるいはノスタルジックな視点を持つ語りなどさまざまな言及があります。ここではそうした語られ方を検討しながら、本書でどのようにブックオフを語るべきかというスタンスを考えていきます。その結果、私が提唱するのはブックオフから社会を眺める、という方法です。

第2章では「「めぐる」——ブックオフから都市を眺めて」と題して、ブックオフ各店舗をめぐることに魅了されている人々についてフォーカスを当てていきます。日本全国には数多くのブックオフがありますが、それぞれのブックオフは微妙にその商品が違います。そしてその違いには、そのブックオフが立地する「都市」のありようが刻まれているのではないかと私は考えています。それこそが、ブックオフめぐりが一部の人々を魅了する理由なのではないか。ここでは私自身がブックオフめぐりをおこなった記録と、日本一ブックオフをめぐった男として知られているとみさわ昭仁さんへのインタビューを通して、ブックオフめぐりから見える「都市」のありようを見つめていきましょう。

第3章では「「あそぶ」——ブックオフは原っぱだ!」と称して、ブックオフで遊んでいる人たちを取り上げます。私自身がブックオフを使って遊んできた実践を紹介したり、三千円ブックオフという遊びを取り上げたりしながら、ブックオフという空間でどのように遊べるのかを検証していきます。これらの紹介を通して、ブックオフという空間が、現代において一種の「原っぱ」のような機能を持っているのではないかということを考えていきます。「原っぱ」はある建築家が自著のなかで、その空間づくりの重要コンセプトとして唱えた言葉ですが、そのような空間的な概念がブックオフの空間に見られることをお話ししていきましょう。

第4章では「「つくる」——ブックオフ文化人たちのこと」と称して、ブックオフを使うことで新しいカルチャーを作り出している人々にフォーカスを当てます。ブックオフが誕生してから三十年ほど。多くの人が利用しているブックオフですが、なかにはブックオフに影響を受けて新しい文化を作ってきた人がいます。そうした人はブックオフのどのような部分に惹かれたのか。そして自身の創作とブックオフはどのように関係しているのか。ここでは、ブックオフから生まれた想像力のあり方を「ブックオフ的想像力」と呼び、その想像力の系譜をたどりながら、ブックオフが現代の文化空間にどのような影響を与えているのかを検証します。

終章では「「つながる」——ブックオフが生み出す「公共性」とは」と称して、ここまでの議論を総括して、「公共空間」としてのブックオフの姿を考察していきます。この章では、ブックオフの空間は現代の新しい「公共空間」なのではないかという推論をもとに議論を進めていきます。一つの企業が生み出した空間がどうして「公共的」でありうるのか、疑問に思う読者もいるでしょう。ここでは「公共性」についての言説をひもとき、加えてブックオフ以外の書物空間との比較を通してブックオフがどのような点で「公共的」であるのかを考えていきます。そこから描出されるのは、ブックオフを通して見えてくる「新しい公共性」のあり方です。

第1章は本書全体の考察を準備するための章、そしてそこから続く第2章から終章はブックオフについて考え、またその背後に潜む大きな問題について考える章になっています。

すべての章で重要になってくるのが、本章で取り上げた「なんとなく性」です。この「なんとなく性」はどのようにブックオフの空間に関わり、その空間としての意義を形作っているのか。

さあ、それではブックオフを考え抜く散歩に出かけましょう。

BOOK・OFF
第1章

「かたる」
——ブックオフはどう語られてきたのか

両方の棚には
五十音が書かれた
同じようなプレートが
掲げられ、
ますます分かりづらい。
BOOK・OFF
阿川
佐和子
本人作家
あ行
本の所在を
表すはずのプレートが
裏目に出る。

本章では「「かたる」——ブックオフはどう語られてきたのか」と題して、ブックオフがこれまでどのように語られてきたのか、その歴史を探るとともに、それらを踏まえて、これからブックオフについてどのような語り方をすべきであるのかを考えていきましょう。創業三十年を超えるブックオフは、その歴史のなかでさまざまな人や媒体によって語られてきました。そのなかにはブックオフに対して正反対の評価を下しているものも多くあります。そうした語りの蓄積をひもといて整理することは、ブックオフの意義を語る際に重要な準備運動になるでしょう。

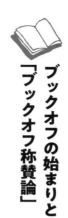

ブックオフの始まりと「ブックオフ称賛論」

ブックオフについての語りとして最初に生まれたのが「ブックオフ称賛論」です。ブックオフは誕生した直後、そのビジネスモデルが多くの人に称賛されました。私はそれらを称して「ブックオフ称賛論」と呼びたいと思います。では、それは具体的にどのように称賛されたのか。

前提として、ブックオフが誕生することになった経緯を見ておきましょう。ブックオフの創業については、創業者自身の証言や関係者による発言、のちに出版された書籍での記述など、さまざまなエピソードが入り乱れていて、その正確な事実が完全にわかるわけではありません。ここではいくつかの書籍や記事を参考にしながら、ブックオフがどのようにして店舗を広げたのかを見ていきましょう。
そもそも、ブックオフは一九九〇年、相模原市の十六号線にほど近い古淵《こぶち》で誕生しました。創業者は、のちに俺のイタリアンなども創業することになる実業家の坂本孝です。坂本はもともと、出版業界に携わる人間ではありませんでした。出版業界の門外漢だった坂本が古本という商材を発見したのは偶然のことでした。山梨県で中古ピアノの販売をおこなっていた坂本は一念発起して都会で通用するビジネスを展開しようと思い、中古ピアノ販売業を手放します。そして、当時猛烈な勢いで店舗を増やしていたイトーヨーカ堂で経営の勉強をします。そんなある日、坂本が横浜の港南台を環状線沿いに車で走っているときに、人だかりを見つけました。それが、古書店だったのです。『ブックオフの真実』で、坂本はこのときのことを次のように回想します。

「あっ、流行っている。これだ」と思ったんです。もう少し管理をきちんとして、チェーンオペレーションを作ったら、三〇店ぐらいはできると瞬間的に思いましたよ。それは、昔のピアノでやった「中古の手法」と同じ。きれいに磨けば喜ばれる、と。
（坂本孝／村野まさよし、松本和那編著『ブックオフの真実——坂本孝ブックオフ社長、語る』日経BP社、二〇〇三年、七八ページ）

このように直感した坂本は、すぐさま一号店を出すことを思い立って土地の取得に動き、ブックオフの一号店が誕生しました。このエピソードは坂本自身の発言であるためにやや脚色されているようにも感じますが、このあたりについては、『ブックオフの真実』の編集者でもある柳瀬博一がより中立的な立場で書いています。特に坂本がどうして相模原に第一号店を開いたのか、どうして古本屋に商機を見いだしたのかについて、詳しく説明しています。

> 都会に通うサラリーマンが数多く移り住んでいる16号線沿いは、読書を好む層が多いはずだ。潜在需要は大きい。坂本は古淵に店を出し、鉱脈を掘り当てた。バブル崩壊による景気停滞の時代にも呼応し、ブックオフは中古ビジネスの革命児となった。
> （柳瀬博一『国道16号線——「日本」を創った道』新潮社、二〇二〇年、四八ページ）

このように、相模原という場所で古本に対する潜在的な需要を見いだし、坂本は一つの「ビジネス」

写真1　相模原の国道16号線にあるBOOKOFFPLUS 16号相模原富士見店。このような立地にBOOK OFFは生まれた

として古本販売をおこなったのです。柳瀬もこの引用の最後でブックオフを「革命児」と書いているように、ブックオフが生まれた一九九〇年代、ブックオフの経営モデルは、商業界にとって革命的なこととされ、称賛の声が多く上がりました。ブックオフは徐々に店を増やしていき、九四年には百店舗まで増えました。その快進撃ともいえる出店攻勢につれて、ブックオフをビジネス界の「革命児」として称賛する声が増えたのです。その称賛ぶりは、当時ブックオフについて書いた商業雑誌の記事タイトルを見るとよくわかります。そのいくつかを確かめておきましょう。

・「古本業界の革命児「ブックオフコーポレーション」のユニークな経営」「実業往来」一九九四年五月号、実業往来社、五二ページ
・「魅力のない書店経営に喝を入れる！——怖いもの知らずの素人集団が、再販制度に挑戦し、新市場と顧客を開拓して急成長中」「2020 AIM」一九九四年十月号、オフィス２０２０、三〇ページ
・宮崎伸一「起業人——坂本孝（ブックオフコーポレーション）——「一〇〇人の社長を育てたい」と夢見る「永遠の起業家」」「週刊ダイヤモンド」一九九八年十月二十四日号、ダイヤモンド社、一六〇ページ

これ以外の雑誌でも、ブックオフの経営がいかに革命的なものだったのかが力説されています。こうした称賛の声は雑誌だけではなく、書籍でも語られます。それが、大塚桂一『ブックオフ革

命』（データハウス、一九九四年）です。書名に「革命」と付けられていることが印象的でしょう。

ブックオフはなぜ「革命児」だったか

では、ブックオフは、なぜここまで「革命児」として扱われたのでしょうか。その理由は三つに分けることができると私は考えています。

①「古本屋」についてのイメージを一新し、新しい業態にしたこと
②「古本」が儲かる商品であることを発見し、安売りをおこなったこと
③日本の出版業界を取り巻く再販制に対するアンチテーゼになったこと

まず、①ですが、ブックオフは当時、常識的に考えられていた「古本屋」のイメージを一新し、「新古書店」という業態を作って、多くの人が古本屋に立ち寄れるようにしました。「Venture link」一九九一年十月号では、以下のように書いてあります。

古本屋に足を運ぶというのは、ある種の覚悟がいる。所狭しと並べられた書棚から〝掘り出

し物〟とおぼしき本を拾い、初老の店主のところへ行く。いちべつ、本と自分とを見比べられ、「これがお前の頭の程度か」とすごまれてしまう。学生のころ、誰もがおもちの経験ではなかろうか。

「暗くて狭い」というのが、明治以来の日本の古本屋のイメージだったが、この固定概念を打ち破ったのがブックオフコーポレーションだ。写真でもおわかりのとおり、新刊書店と見間違うばかりの明るく開放的な店内。外観もコンビニエンスショップ感覚のレイアウトで、これまで敬遠しがちだったOLや主婦、子供まで気軽に立ち寄れる。そんな雰囲気を醸し出している。

（前掲「マーケティング徹底のコンビニ感覚古本屋」七二ページ）

やや誇張された記述も見受けられますが、ここにブックオフが革命児とされた理由が凝縮されているように感じます。ブックオフがビジネス界から称賛されたのは、それまでの古本屋のイメージを一新し、古本屋という存在を一般的なものに変えたからです。

しかし、いくら多くの人が立ち寄ってきたとしても、その商材の利益が少なければ意味がありません。ここで重要なのが先ほど挙げた理由の②です。坂本の卓見は、古本が商材として優れていることを見抜いたことにあります。古本は、ビジネス的な観点から見ると、その商材としての利幅が大変大きかったのです。

坂本が中古ピアノの販売をおこなっていたことは先ほども語ったとおりですが、彼はその販売を通して、中古ビジネスの利益率の高さを見抜いていました。中古ピアノの場合は、その塗装を一度新しくすればほとんど新品同様のまま顧客にピアノを売ることができ、粗利益は大きくなります。そしてそれは、古本の場合も同様でした。古本の場合、書かれている内容こそが大事なのであって、本を少し磨いてきれいにすれば内容的にはほとんど新品と変わらないのです。したがって、ブックオフでの販売価格をきわめて安い価格にしても、十分に利益が出るわけです。

序章でも、ブックオフが定価の半額や百円・二百円で古本を売っていることを書きましたが、ブックオフがここまで安い値段で本を扱うことができたのは、こうした古本という商材の特性にもよっていたのです。古本の商材としての特性を最大限に生かすことによって、店側も十分に利益が出る一方、顧客も、それまでの古本屋よりもはるかに安い値段で古本を手に入れることができ、まさにwin-winの関係が生まれたのです。古本という「儲かる」商材を発見し、それによってそれまでとは比べものにならないくらい安い値段で古本を扱ったことが、ブックオフの新しさの一つでした。

もちろん、厳密にいえばブックオフ以前にも古本を定価の半額で売っていたり（町田の高原書店が有名なところでしょう）、入りやすい店舗構造を目指したりした店はありました。つまり、ブックオフ以前にも、ブックオフ的な方向性を持った古書店は存在したのですが、それらの要素が完全な形で出そろったことや、バブル景気の崩壊による景気の停滞と安売りビジネスの流行の波にうまく乗れたことも相まって、ブックオフはビジネス界の革命児として称賛されたのでした。

再販制とブックオフ

ブックオフが一九九〇年代に革命児として称賛された理由のうち、二つを見てきました。しかし、ブックオフを革命児たらしめた、より重要な理由が③だと私は考えています。それが、出版業界で最大の論点とされることも多い「再販制」とブックオフの関わりです。

再販制（再販売価格維持制度）とは、新刊書店で、本を出版社が定めた全国一律の定価で販売することができる制度です。これを考えるためには、本以外の商品と比較してみるといいでしょう。例えば、ある家電があったとして、それがA店とB店で異なる価格で売られているということはよくあります。私たちは欲しい商品があるときに、より安い値段で売っている店でその商品を買います。自由主義経済の基本的な原理としてどんな商品でも価格競争が起こるわけです。しかし、書籍を含むいくつかの知的生産物だけは、この原則が適用されません。というのも、書籍というのは家電などと異なって知的な生産物であり、本来的に自由競争と性質が合致しません。本は「文化財」であるために、自由主義的な競争で売られてしまうと、その内容にまで影響を与えてしまうのではないか。そのような懸念から再販制によって本の値段は全国一律で同じなのです。

「ブックオフ称賛論」は、この再販制がもたらす書籍市場の硬直化に対して根本的な見直しを迫るものとして、ブックオフを評価します。それは、『ブックオフ革命』の最後の言葉に顕著に表れています。

もう時期は整ってきたのだ。すべての流通の規制緩和が行なわれ、激安、ディスカウントが日常感覚になった現在、出版業——本だけが無縁ということはありえない。時代の風といってしまえばそれまでだが、出版業界に初めて出現した、再販制を根底から覆す、黒船の一つとしてのブックオフ、これから、それの隆盛が示すものは、決して小さくないだろう。

（前掲『ブックオフ革命』一九一ページ）

一九九〇年代はディスカウント業態が躍進した時代でした。八九年には「驚安の殿堂」として知られるドン・キホーテが府中に一号店を構え、九一年にはアメリカのディスカウントを売りにした玩具小売店トイザらスが日本一号店をオープンしました。そのようにさまざまな業態で安売りがおこなわれるようになった九〇年代に、本だけがその流れに取り残されてしまうことを懸念する人々がいました。彼らにとってブックオフの登場は、本を安売りすることによって顧客のニーズをかなえることができるという希望を満たすものでした。

こうした再販制への言及は、当事者である坂本孝もおこなっています。

「業界は再販制度という規制に守られています。再販制度維持の名のもとに、たくさんの本が捨てられている現実を一般の消費者は全く知らされていません。今の若い人には『どうして本の値段だけ同じなの？』という疑問があるんですよ」
まるで再販制という規制があるからこそ、ブックオフが飛躍すると〔坂本は：引用者注〕いわんばかりである。
（「古本のチェーン展開で業界初の店頭公開目指すブックオフコーポレーション」「経済界」一九九五年七月号、経済界、五九ページ）

こうした言明以外にも、坂本は「本を文化と思いこまず鉛筆と同じ商品と考える」（同誌）といった言葉を残しています。本を文化財だとして再販制で守るのではなく、そのほかの商品と同じように扱うことで安く売り、顧客が買いやすいようにする。このような考えは当時、斬新な発想であり、その点でブックオフは評価されたのです。

ここで注意しなければならないのは、おそらく坂本は、再販制に対する強い批判があってブックオフを立ち上げたのではない、ということです。先にも確認したとおり、坂本が古本業界に足を踏み入れたのは偶然のことでした。坂本はもともと再販制というシステムも知らなかったようですし、古本屋をどのようにして立ち上げるのかも知らなかったようです。ただ、そんな坂本が立ち上げたブックオフが結果的には、再販制に対する強烈なアンチテーゼになったのです。メディアへの露出の仕方が非常に優れていたという坂本は、結果的に対峙することになった再販制に対して、あえてメディア上で過激な反応をしたのだともいえるでしょう。そして、その思惑どおり、いくつかのメディアは再販制への強力なアンチテーゼとしてブックオフを「革命」として取り上げ、一九九九〇年代の「ブックオフ称賛論」の一角をなしたのでした。
しかし、こうした再販制を覆し、出版業界の慣習を全く踏まえない存在であるブックオフを既存の出版業界は忌避しました。そうした意見が、二〇〇〇年代あたりから顕在化してきます。それが、次に語る「ブックオフ否定論」の中核をなしていくのです。

小田光雄による「ブックオフ否定論」

一九九〇年代は「ブックオフ称賛論」として、ブックオフの経営スタイルに対する賛辞が、商業系の雑誌を中心に大きく盛り上がりました。しかし、その様子は二〇〇〇年代に入るころに一変します。ブックオフが登場してから十年ほどたつと、その経営スタイルは一般に定着し、商業系雑誌はその経営手法をわざわざ取り上げることがなくなりました。ちょうどそのころ、以下のような記事が「週刊文春」に掲載されます。

従来の古本屋のイメージを一新したといわれるブックオフは、九〇年五月に相模原で第一号店をオープン。この十年間で、直営とフランチャイズ店を含めて五百二十三店舗にまで拡大した。（略）

この飛ぶ鳥を落とす勢いの会社に、「果たし状」を叩き付けた人物がいる。『ブックオフと出版業界』の著者・小田光雄さん（49）だ。（略）

「多くのマスコミは、ブックオフをまるで流通革命児のようにもてはやした。高い値段にあぐらをかいていた出版社から消費者を助け出した英雄のような扱いでした。しかし、その本質は全く違うものなんです」

その本質を一言で言うと、再販制度を利用した「出版業界のパラサイト（寄生虫）に過ぎない」と指摘する。

（「流通革命の寵児「ブックオフ」に噛みついた出版社社長」「週刊文春」二〇〇〇年八月三日号、文藝春秋、三五ページ）

小田光雄は、翻訳家としても知られる人物で、主にエミール・ゾラの訳業が知られるところです。一方、古本に関する論考や著作も数多く手がけ、二〇一九年には『古本屋散策』（論創社）でBunkamuraが主催するドゥマゴ文学賞も受賞しています。そして何より、二〇〇〇年前後以降に日本の古本業界に大きな影響を及ぼしたブックオフについての言及もおこなっています。一九九九年には、ぱる出版から『出版社と書店はいかにして消えていくか――近代出版流通システムの終焉』を書き（同書はその後、二〇〇八年に論創社から再発売されています）、ブックオフのシステムに対する根本的な批判をおこないました。その続篇として書かれたのが、「週刊文春」の記事のなかに登場する『ブックオフと出版業界――ブックオフ・ビジネスの実像』（ぱる出版、二〇〇〇年）です。このように立て続けにブックオフを批判する本を書いたわけです。まだブックオフ称賛論だけが根強かった当時、こうした批判はきわめて新しいものでした。

先の引用でも明らかなとおり、小田が問題視したものこそが、出版業界が慣習的に維持していた再販制でした（小田は再販制と並べて、売れ残った商品を返品することができる「委託制」にも触れているのですが、ここでは論点をわかりやすくするために「再販制」にだけ触れます）。小田は『ブックオフと出版業界』のなかで以下のように述べています。

こうした出版業界のかたわらで、再販制と委託制に基づく大量生産・大量消費・大量廃棄といった出版物の四半世紀は、とんでもないモンスター、あるいは鬼子を誕生させる要因ともなったのです。それはブックオフに代表される新古本産業です。

（前掲『ブックオフと出版業界』六三ページ）

ここで述べているのは、再販制に基づく日本の出版業界の慣習が、ブックオフを生んだということです。実際に、再販制によって本の安売りがおこなわれず、自由競争にかけられることなく出版業界が保護されてきたことで、バブル景気の際には大量の出版物が出版され、それらが大量の廃棄物を生み出しました。そして、そこで廃棄されそうになった本がブックオフに持ち込まれ、ブックオフは伸長してきたのです。つまり、再販制があるからこそブックオフは生まれ、成長してきたわけです。

生産にも流通にも関わることなしに、出版業界にパラサイトした中古本リサイクルをここまで肥大化させてしまったのは、前述しましたように出版業界の再販制と委託制に基づく大量生産、大量消費、大量廃棄という近代出版流通システムにほかならないでしょう。そのことによって出版業界は復讐を受け、自らの首を絞めているという状況になっています。

（同書四ページ）

小田の著作では、こうした主張が繰り返されています。小田は、ブックオフのシステムと、それを生み出した出版業界のシステムに対してきわめて厳しい言葉で批判したのです。

批判の焦点としての「本への愛」

では、なぜ小田はブックオフをこのように批判するのでしょうか。小田は『ブックオフと出版業界』のなかで、ブックオフに見られるシステムを批判しながら、江戸時代の貸本屋を中心とする書物流通のシステムを高く評価しています。貸本屋とは、その名のとおり本のレンタル業のようなものですが、生産や流通にかかわらずに本を読者に手渡しているという点では、ブックオフも似たシステムです。しかし、小田は貸本屋のシステムを「親密な書物と読者の共同体」と表現して高く評価しています。この違いはどこにあるのか。

私自身の推測ではありますが、そこで論点になっているのは「書物への愛着」ではないでしょうか。江戸時代には、本の作者が貸本屋や出版社を兼ねることが多く、出版物をめぐる共同体は小さなシステムで動いていることが多かったようです。その小さな共同体では、お互いが目に見える存在だったため、その間を流通する本に対する愛着やその本に込める精神性も大きなものになっていきます。小田は別の著作、例えば『書店の近代——本が輝いていた時代』(〔平凡社新書〕、平凡社、二〇〇三年)でも、書店と読者をめぐる「書物への愛着」を軸とした親密な風景を描いているように感じます。しかし、ブックオフではどうでしょうか。ブックオフでは毎日数えきれないほどの量の古書が売りに出され、そして見知らぬ誰かに買われていきます。そこには本に対する愛情のようなものが感じられないのではないか——これこそ、小田がいちばん憂慮した点ではないでしょうか。小田は『ブックオフと出版業界』に収録しているインタビューで、インタビュアーの発言に答えて、以下のように述べています。

読書もまたその意味が変質してしまった。読書が精神の営みではなく、単なる消費的行為になった。本が精神にかかわるものなら捨てられないが、消費財や単なる情報だったら簡単に捨てることができる。(略)

小田　それはあなたのいわれる通りだと思います。

（前掲『ブックオフと出版業界』三五ページ）

小田たちはこのようにブックオフが跋扈する現代に「書物への愛着」「書物への精神」がなくなってしまい、本が「消費財」になったことを語っています。先ほども確認したとおり、ブックオフの創業者である坂本は本を文化財としてではなく、鉛筆と同じような商品として売ることを提唱していました。そこには確かに愛着や精神は感じられないかもしれません。

現代社会へと移行するにつれて、書物は「商品」になり、そこでは書物に対する愛や崇高な精神はなくなっていったのではないか、と小田は考えているようです。

この点をさらに細かく考えてみましょう。小田は、ブックオフ批判を展開した最初の著作である『出版社と書店はいかにして消えていくか』の隠れた主題が「近代」であると述べています。これは、近代になって大量消費の時代に入り、（本に限らないのですが）出版物に対する愛着が減っていくことに対する警鐘も同書で展開していたということではないでしょうか。小田は、一九九七年に『〈郊外〉の誕生と死』（青弓社。二〇一七年に論創社から復刊）という本を出版しています。この本で小田は、七〇年代以降の郊外化によってファストフードやファミリーレストランなどが進出し、日本人の生活が画一化され、均質化されたことを批判しています。同書でも小田はブックオフに対する批判を述べていますが、それはファミリーレストランが、人々を食べ物を「消費」するだけの存在に変えてしまったのと同じように、ブックオフもまた、「読者」を「消費者」に変えてしまったことを嘆いているからこその批判ではないでしょうか。少し長くなりますが、『〈郊外〉の誕生と死』を引用しましょう。

実際に郊外に書店が誕生し、一九八〇年代に書店が郊外型になっていくにつれて、郊外には「読者」のかわりに厖大な「消費者」という群衆が発見されるのである。郊外型書店では、本はもはや文化的商品というアウラから解き放たれて、かぎりなく消費され、他の日常品と同じ位相に追いやられる。そこで売れるのは、雑誌、コミック、文庫、ベストセラーといった大量生産・大量販売・大量消費されるものが過半数を占めることになり、このシステムの外部にとどまらざるをえない本は排除されていく。（略）

郊外型書店で購われたそれらの雑

写真2　大型量販店などが立ち並ぶ郊外の国道沿線。小田が批判的に取り上げたのはこのような風景である

誌・コミック・文庫は、文化として郊外の住宅のなかに収納されることはない。読み捨てられる宿命を負ったゴミのようなものだ。ゴミは当然のことながらゴミ捨て場に捨てられる。本がゴミ捨て場に捨てられる風景は物悲しい。だがそれも日常茶飯事の風景となって久しい。そしてそのゴミが飽和状態に達したとき、それらを商品としてリサイクルするブック・オフのような「新古本屋」が新しいビジネスとして登場する。

（論創社版八七―八八ページ）

小田がこの著作を生み出した一九九〇年代後半から二〇〇〇年代前半にかけては、こうしたロードサイド批判、消費社会批判が多く書かれた時代でした。代表的なものに三浦展『ファスト風土化する日本――郊外化とその病理』（〔新書y〕、洋泉社、二〇〇四年）があるでしょう。このような流れもあって、小田の著作は、物への愛情を失った人々や社会に対する批判的な検討としても捉えることができるのです。

「読者」から「消費者」へ。こうした時代の変化と、それを結果的に支えることになった出版業界の制度こそ、小田が批判的に検討しようとしたものでした。そして、その最もわかりやすい例として登場してきたのがブックオフであり、そこで決定的に失われたものが、本への愛着や精神性だったと小田は考えているのではないでしょうか。

小田光雄以降の「ブックオフ否定論」

あらためて小田の批判を読み直すと、その是非はともかくとして、そこで展開されたさまざまな論点が、その後のブックオフに対する批判として登場するものだったことに気づかされます。

例えば、「本を消費物のように扱っている」「本に対する愛情がない」という点については、その後さまざまな場面でブックオフが批判されるポイントになっています。例えば、二〇一〇年の「新潮45」では「ブックオフという妖怪が徘徊している」というキャッチーなタイトルでブックオフに対して次のような批判が語られます。

コンビニに並ぶカップラーメンやおにぎりと、本を一緒にされては困る。本は単なるグッズではない。中に書かれているコンテンツを販売している。知的生産物なのだ。

一冊の本が世に出るまでには、何カ月、何年という長い時間がかかる。その本を作るために、著者や編集者、出版社は膨大な労力を注いできた。新古書店の商売は、それらの初期投資をまったく無視している。

(松井和志「ブックオフという妖怪が徘徊している」「新潮45」二〇一〇年一月号、新潮社、九一ページ)

やはりここでも、本がカップラーメンやおにぎりといった消費財と同列で並べられることに対する強烈な忌避感が語られています。

あるいは、ブックオフが初期に採用した、商品を定価の半額で売り出すというシステムを早い段階からおこなっていた町田・高原書店についての座談会で、作家の坪内祐三は以下のように述べています。

知らない人は高原書店をブックオフの先駆形態みたいに誤解するけど、全然違う。ブックオフは単に本をものとして扱ってるけど、高原さんは本を本として、どんな本も身分に上下はないという信念を持っていた。

（「熱愛座談会 高原書店について語ろう！」、本の雑誌編集部編『古本の雑誌』〔「別冊本の雑誌」第十六巻〕所収、本の雑誌社、二〇一二年、一三六ページ）

ここでもブックオフと、それ以前の書店を分ける大きなポイントとして取り上げているのが、「本をものとして扱う」こと、つまり本への愛情や精神性があるかないかということでした。

先ほども確認したように、坂本は出版業界に関係がない人物でした。そんな門外漢の人物が突然自らの領域にやってきて破竹の勢いで古本屋を経営し始め、しかもそこに本を「もの」として扱うような態度があったならば、確かに大きな不満が出るでしょう。ただでさえ、出版業界にいる人物は本への愛情を強く持っていると思います。そんな彼らから見れば、ブックオフの経営スタイルは本への冒瀆なのです。

また、小田が指摘したようにブックオフでのビジネスが「生産・流通」に何も関わらないというのは、その後もブックオフの問題としてたびたび取り上げられる著者印税の問題にも通じるでしょう。ブックオフで売られる本については、著者に対して印税が全く支払われません。こうなると、多くの人がブックオフで本を購入すれば著者に印税が入らないことになり、著者は制作物に対する正当な報酬を受け取れなくなってしまう。すると著者は創作活動を続けることができなくなり、ひいては日本の出版文化そのものが衰退に向かうことになってしまう、というのがこうした批判の要点です。前掲した「流通革命の寵児「ブックオフ」に嚙みついた出版社社長」では、「ブックオフでは購入された本の印税は、もちろん、著者には一銭も入らない。新古本屋の拡大は、生産者である作家の生活をも脅かすことになりかねないのだ」といいます。著者に対してブックオフから印税が入らないのは事実です。しかし、これがそのまま文化を破壊する、ということにつなげられてしまうのには疑問があります。のちに第4章で明らかにするように、ブックオフから生まれてくる文化もあるからです。とはいえ、ひとまずここではその論点は置いておき、ブックオフに対するこのような語りが生まれていたということだけを確認しておきましょう。

出版業界とブックオフ

ブックオフへの批判は、小田が述べるような本への愛情を欠いた経営スタイル以外にも、単純に旧来の出版業界の常識を全く踏まえずに利益を上げていることに対する不満としても表れていたでしょう。先に紹介した『ブックオフの真実』は、二〇〇三年、日経ＢＰ社によって刊行されました。時はまさにブックオフに対する批判が噴出し続けていた時期です。出版業界の関係者の間でブックオフについて語ることは半ばタブーとされていたようです。同書の刊行に際して、編著者の村野まさよしは当時の状況を以下のように振り返ります。

> 出版社の取締役会とか各編集長などが集まっての会議の余禄の時間、あるいは編集者の人たちが集う酒場の席にいたるまで、出版関係者が何人か集まると、
> 「ブックオフはけしからん。出版界全体の敵だ。害悪だ。抹殺しろッ」
> などと、ブックオフ批判に花が咲くのが、ここ二、三年の出版界の常識だ。
> （前掲『ブックオフの真実』一三ページ）

このように述べて、村野は「言論統制でもしかれているのか」と、ブックオフに対して何か意見

を発することがタブーになっている状況を報告しています。こうした状況は、当時出版界だけでなくさまざまな業界人にも浸透していたようです。村野は、元フジテレビのプロデューサーで当時は吉本興業東京本社の代表だった横澤彪からも「ブックオフには安易に接触しない方がいい」と忠告されたようです。

写真3　坂本孝／村野まさよし、松本和那編著『ブックオフの真実――坂本孝ブックオフ社長、語る』日経BP社、2003年。この本が出版されるまでにもさまざまなやりとりがあった

そんな状況のなかで、村野が同書を出版することができたのは、日経BP社の編集者・柳瀬博一がいたからです。柳瀬は村野からブックオフについての企画を聞かされてから数日後に快諾し、同書は刊行されました。この背景には日経BP社が出版業界のなかではまだ新しい会社で出版業界とは強い関係性がなかったこともあるでしょう。逆に、村野の回想にもあるとおり、それ以外の出版社はブックオフの登場に強い影響を受けていて、そんな「敵」であるブックオフの書籍などとうてい出すことはできませんでした。それほど当時の出版業界とブックオフの関係性は悪かったわけです。

こうした状況は、二〇〇七年に創業者である坂本孝が不正売り上げリベート受け取り問題で会長の座を降り、ブックオフの経営を降りたことで決定的になります。小田から始まった「ブックオフ否定論」は、出版業界のさまざまな人によって暗黙の了解として受け継がれながら、一〇年代の半ばあたりまで続いていくことになります。

「業界目線」から「消費者目線」の語りへ

さて、ここまでブックオフの誕生から二〇〇〇年代までの歴史を追いながら、ブックオフに対する「かたり」として「ブックオフ称賛論」と「ブックオフ否定論」の二つが現れてきたことを述べました。もちろんこれはあまりにも大雑把な分け方です。それぞれの主張を読み解いていけば、もっと複雑にブックオフを捉えていることがわかります。とはいえ、ブックオフに対する語りの多くがこの二つのどちらかに大別できることは確かでしょう。

しかし、私はこの「ブックオフ称賛論」と「ブックオフ否定論」には通底する部分があると思います。論としては全く正反対の主張を持っているにもかかわらず、です。どういうことか。それは、その二つがどちらも「業界目線」であることです。「ブックオフ称賛論」は主に、ビジネス界がそのビジネスモデルを称賛した言説です。そこでは商売人の目線からブックオフが称賛されています。一方で「ブックオフ否定論」は主に出版業界の目線からブックオフへの評価を述べたものです。小田の批判のなかには「読者から消費者へ」という消費者目線に立ったブックオフへの語りもあるのですが、その結果として、結局は出版業界が持っている再販制への批判が続くという点では、やはり業界の目線に立ったブックオフ評価だといえるでしょう。

このように「業界目線」からのブックオフ評価が多いのには、まだブックオフが誕生してから十年ほどしかたっていなかった、ということもあるでしょう。しかし、二〇〇〇年代後半あたりになると、ブックオフについて「業界目線」ではなく、それを利用してきた「消費者」の目線から語る人々が現れてきます。

「業界目線」から「消費者目線」へ。これが、二〇一〇年代に起こったブックオフについての「かたり」の大きなシフトチェンジでしょう。消費者目線から語られることで、ブックオフに対する語りにも変化が生じてきたのです。

「ブックオフは公共圏の夢を見るか」

さて、ここで手前味噌ながら私自身の話をさせてください。「業界目線」から「消費者目線」へのシフトチェンジということを考えたときに、私自身が取り組んだブックオフについての語りが重要な意味を持っていたのではないかと思っているからです。

私は、二〇一九年二月に評論家の仲保暁生が主宰しているサイト「マガジン航」で「ブックオフは公共圏の夢を見るか」という連載をスタートしました。これは、本書のもとになっている連載の一つでもあります。ここで私は、従来、出版業界から否定的に語られがちなブックオフは、「消費者」の面から見ると、悪いことばかりではないのではないか、その肯定的な側面を分析する必要があるのではないか、という問題提起をしました。この初回連載で私は、ブックオフを図書館と比較して次のように書いています。

ブックオフは商業施設であり、金銭を支払わなければそこで商品は買えない。すなわち図書館の無料原則の埒外にある。でも、その「利用」料金は限りなく低い。そしてこれは「業界」的に見れば全くうれしいことではなく、その観点からブックオフや図書館は否定形で語られてきたわけだ。

だがあくまでも私は一消費者としての目線から考えてみたいのだ。一消費者からすれば本が安いのはとてもうれしいことだ。それに安ければ多くの人がそこで本を買うことができる。そうした観点からみればブックオフとはだれもがその中に入ることを許され、そこでの立ち読みまでが許された(ブックオフの特徴の一つとして「立ち読み」を公然と許可したことがある)図書館のようであり、それを実現しているのではないか。

(谷頭和希「ブックオフは公共圏の夢を見るか――第1回 ブックオフという「図書館」の登場」二〇一九年二月十四日、「マガジン航」)

これを書いていたとき、私はこの連載を本にまとめるとは夢にも思っていませんでした。ただ、自分自身がブックオフに対して感じていることを書いたつもりです。しかしあらためてこの記述を自分で読み直してみると、いまここで私たちが考えている「消費者目線」での語りをしようとしていることがわかります。率直な自分の意見を書いただけだったのですが、それがある意味ではブックオフの語りに欠けている要素だったのです。

ありがたいことに、この記事は非常に多くの人に読んでいただき、潜在的にブックオフに対して肯定的な感覚を抱いている人が多いことに驚きました。私自身、当時はまだ大学生で、書店業界とブックオフの関係などほとんど知らなかったのでこうした意見が書けました。ある意味では無知だからこそ、臆することなく書けたのですが、二〇一九年の段階ではこうした問題提起はまだほとんどされていませんでした。ただ、書かれていないだけで、すでにこの段階で、「消費者目線」でのブックオフの語りは待ち望まれていたのだと思います。

写真4　「マガジン航」での連載画面

そして、この小さな問題提起は、一年後、思わぬ形でさらに広がりを見せることになります。

『ブックオフ大学ぶらぶら学部』の刊行

ブックオフを愛する人たちによるブックオフを語る本、売れてます

（「夏葉社、ブックオフを語る本「売れてます」」「リサイクル通信」）

これは、二〇二〇年に出版された『ブックオフ大学ぶらぶら学部』（武田砂鉄／大石トロンボ／山下賢二／小国貴司／Z／佐藤晋／馬場幸治／島田潤一郎／横須賀拓、岬書店）について取り上げたニュース記事の見出しの文章です。同書は夏葉社のレーベル・岬書店から出版され、ISBNコードが付いていない自主流通の書籍だったにもかかわらず、一カ月で二千部を売り切りました。これは、自主流通の本としては異例のことで、出版関係者を大いに驚かせました（その後、夏葉社から新装版が刊行）。この本が特徴的だったのは、売れ行きがよかったことだけではありません。先述したように、ブックオフについての語りがほとんどタブーのようであり、ブックオフ否定論が広く市民権を得ていた時代で、この本は「ブックオフへの愛」を堂々と語ったのです。同書はさまざまな論者がブックオフの思い出をまとめた本で、武田砂鉄をはじめとする九人のエッセーやマンガを掲載し

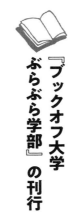

ています。
　同書の表紙を開くと、黄色のページの真ん中に「あなたにとってブックオフとは？」という問いかけの言葉が書いてあり、それぞれの筆者にとっての「ブックオフ」像が展開することを予想させます。さらにページを開いた「はじめに」では、同書が伝えようとするメッセージがよくまとめられています。そこに、このような言葉があるのです（これは、最初に出版された版に書かれています）。

　本書を、ブックオフが大好きだった友人、荒川満くんに捧げたい。

（同書三ページ）

写真5　武田砂鉄／大石トロンボ／山下賢二／小国貴司／Z／佐藤晋／馬場幸治／島田潤一郎／横須賀拓『ブックオフ大学ぶらぶら学部』夏葉社、2020年
ブックオフが素朴に描かれた表紙のイラストからは、編者・執筆者たちのブックオフへの愛が垣間見えるようだ

　この本は、「ブックオフが大好きな人」のために書かれているのです。小田光雄やその他さまざまな業界人が展開した辛辣なブックオフ批判とは対照的な態度であることがわかります。同書がブ

ックオフに対して向ける態度を最も顕著に表しているのが、同書に収められている武田砂鉄のエッセーに登場する次の言葉です。

本の現場を知る、という業界人の講釈から、ブックオフは除外されることが多い。しかし、新刊書店でも古本屋でもブックオフでもたくさんの本を買い続けている自分にとっては、ブックオフをただ悪性のものとして処理する傾向に納得できるはずもない。

（武田砂鉄「ブックオフのおかげ」、同書所収、一二ページ）

まさにここに、ブックオフという環境で育ってきた「消費者」の目線から、武田がブックオフについて語ろうとする姿勢がよく表れています。武田は一九八二年に東京都で生まれました。ブックオフが開業したのが九〇年ですから、八歳のときにブックオフに出会っています。武田はこのエッセーのなかで自身の学生時代の思い出を振り返りながら、そこにブックオフがあったことを語っています。武田はブックオフとともに育ってきたのであり、その点で消費者としてこの新古書店について語っているのです。このように子どものころからブックオフに慣れ親しんできた論客が登場することで、ブックオフは単に新しいビジネスのネタとして商業界からもてはやされる存在でも、黒船来航のように脅威的な存在として出版業界から疎まれる存在でもなくなります。それは、ただ生まれたころからそこにあったものとして語られるようになるのです。こうした論調は、私が「ブックオフは公共圏の夢を見るか」で指摘した問題意識と同じ位相に立つものだと思います。その点では、私自身がうっすらと感じ、なんとなく言葉にしていたものを、はるかに鮮明な解像度で言語化したのがこの本だったといえると思います。

『ブックオフ大学ぶらぶら学部』はこのように、消費者目線からのブックオフについての語りをまとめたものとして最も大きなインパクトを与えた存在です。

さらに二〇二〇年には、ブックオフを「消費者」の目線から捉え直そうとするまた異なるメディアが現れています。それが、ブックオフの公式ＰＲサイトとして立ち上がった「ブックオフをたちよみ！」です。

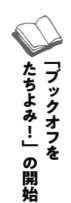

「ブックオフをたちよみ！」の開始

ブックオフのオウンドメディア（自社で運営されるメディア）「ブックオフをたちよみ！」の最初の記事は二〇二〇年五月に掲載され、以後、ほぼ毎月一回のペースで更新され続けています。このサイトの目的は何なのでしょうか。同サイトの「このメディアについて」という文章には以下のような一節があります。

ブックオフをたちよみ！は「ブックオフのことを、もっと知っていただきたい」という想いから誕生したWebサイトです。

ブックオフに多様なジャンルの本が並んでいるように、当サイトにもいろいろな物語をご用意しました。ブックオフで働く人の話、ブックオフが大好きな人の話、知られざる取り組み・社風、短い小説やちょっとした裏話、などなど……。

立ち読みをするような気軽さで、お好きな〝一冊〟をどうぞお楽しみください。読み終えたとき、ブックオフをもっと身近に感じていただけますように。

（「このメディアについて」「ブックオフをたちよみ！」。二〇二三年四月現在の記述）

二〇二〇年五月は、『ブックオフ大学ぶらぶら学部』の初版が出版されたときでもあり、時期を同じくしてブックオフ自体がその価値を世間に広めようとしたわけです。この共時性は、二〇年という年が、ブックオフにとって創業三十周年という節目であったことも大きく影響していると思われますが、大変興味深い現象です。サイトでアップされた記事を見ると、ブックオフの歴史について社員にインタビューしたものや、ブックオフの新業態店舗を訪問するレポート記事、海外店舗視察記事など、ブックオフについてのアーカイブ機能を果たすサイトにもなっています。しかし、それと同様に、いや、それ以上にサイト全体で大きな存在感を放っているのが、さまざまな論者がブックオフの思い出を語ったエッセーです。詩人として知られる最果タヒやラジオパーソナリティーとしても有名な音楽プロデューサーのジェーン・スーなどさまざまなクリエイターのブックオフの「思い出」が多く掲載されているのです。また、それ以外でも、『ブックオフ大学ぶらぶら学部』の執筆者が多くそろう座談会ではブックオフの思い出をたくさん話しているので、広義の意味ではそれもまたブックオフの思い出について語られたエッセー的なコンテンツだといえるでしょう。このように、「ブックオフをたちよみ！」ではブックオフについての「思い出」が大きな位置を占めているのです。この点では、やはり『ブックオフ大学ぶらぶら学部』と同じような語り方がこのサイトに見られることに気がつきます。

こうした思い出を語っているもののなかからいくつかのエッセーやインタビューを紹介しましょう。例えば、二〇二〇年十二月十七日に掲載された「tofubeatsは「ブックオフがなかったらミュージシャンになっていなかった」」（「ブックオフをたちよみ！」）では、歌手、音楽プロデューサー、DJとして多岐にわたる音楽活動を展開するtofubeatsへのインタビューが掲載されています。記事のタイトルどおり、tofubeatsが、どれだけブックオフの棚に影響を受け、そこから音楽的素養を形成したのか、という話がなされています。

tofubeatsは一九九〇年、神戸のニュータウンで生まれました。九〇年はブックオフが生まれた年。つまり、彼はブックオフと同い年なのです。武田よりも、ブックオフの環境をより当然のものとして生きてきた彼は、二〇〇〇年代後半から徐々に音楽界での存在感を強めていき、一〇年代前半のインタビューでは、すでに自身の音楽のルーツにブックオフでCDをあさったこと（ディグ）があることを挙げています。こうしたtofubeatsのブックオフへの肯定的な言及は、ブックオフに対する語りとしては非常に早いものでしょう（tofubeatsについては第4章でも詳しく扱います）。

また、同サイトのエッセーとして広く読まれたものの一つが、ライターの藤谷千明のエッセー

「文化に憧れる地方の少女は、今日もブックオフに行く」です。藤谷は、ヴィジュアル系をはじめとしたサブカルチャー分野の記事を手がけるライターで、山口県の出身です。藤谷によれば、彼女が生まれ育った街はブックオフができる以前に街の書店がつぶれてしまい、その後に誕生したブックオフが彼女にとって唯一文化を摂取できる場所だったというのです。彼女は青春時代を振り返りながらこう述べています。

居場所がないけどグレる選択肢もない消極的な人。当時、ブックオフはそういう人の受け皿だったと思います。思春期の私の居場所は学校でもライブハウスでもストリートでもなく、ブックオフでした。

(「文化に憧れる地方の少女は、今日もブックオフに行く」二〇二二年六月十日「ブックオフをたちよみ!」)

この言葉に、このエッセーの特徴が詰め込まれていると思います。やはりここでもブックオフは思い出として、特に青春時代の思い出として語られています。

同サイトの記事ではほかにも、さまざまな著作家やアーティストなどへのインタビューを掲載しています。そこでは、ブックオフを「一つの文化」として肯定的に捉え、楽しもうとする姿勢が強調されています。もちろん、オウンドメディアが持っている「企業PR」という性質を考えると、ある程度の誇張やブックオフ本社に対する配慮などもあって当然でしょうが、ブックオフ自身がこのようなイメージを対外的に押し出そうとしていること自体が興味深いと思います。

こうした背景には、近年急激にその勢力を拡大しつつある「Amazon」などをはじめとするインターネット書店の影響もあるでしょう。ブックオフと新刊書店で争っていても、物理書店自体が斜陽化している昨今では意味がないのではないか。そうであるならば、ブックオフも一つの書店の形として認めるべきではないか。そのような考えが、出版業界のなかにも広がっているのではないでしょうか。実際に新刊書店や出版社とブックオフの結び付きは近年ますます強まっています。例えば、まだブックオフ否定論が根強かった時代ではありますが、二〇〇八年にブックオフは、親会社である日本洋書販売が破産した青山ブックセンター（ABC）の民事再生を手伝い、一六年にはブックオフの直営店としています。また、〇九年には集英社や講談社、小学館などの大手出版社にブックオフの株式を譲渡し、その経済的な結び付きを強めました。こうした事情もあって、徐々に新刊書店・出版社側もブックオフについての態度を軟化せざるをえなくなったのでしょう。こうした動きから十年ほどたって、「消費者目線」に立つブックオフの語りが次々と出されるようになったのです。

ノスタルジー化するブックオフ

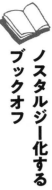

さて、二〇一〇年代を皮切りに、ブックオフを消費者の目線から語る言葉が多く紡がれてきました。それ以前の業界目線での極端なブックオフ称賛論／否定論しか存在しなかった時代に比べれば、はるかに言論に幅が出てきたといえるでしょう。私は一〇年代中盤以降に登場してきたこうしたブックオフについての語りを「ブックオフ思い出論」とでも呼んでみたいと思っています。どういうことか。

先ほども「ブックオフをたちよみ！」での大きなコンテンツの一つとして「ブックオフの思い出」があることを指摘しましたが、それは『ブックオフ大学ぶらぶら学部』でも同じです。例えば、セドリ（ブックオフで買った本を「Amazon」などで売り、利益を得る行為）をおこなう「せどらー」であるZの論考「ブックオフとせどらーはいかにして共倒れしたか」は、かつてせどらーが大量に存在していたブックオフへのノスタルジックな懐古で締めくくられています。

たとえ、ブックオフが「ブックオフなのに本ねーじゃん！」とCMを打ち、総合リユース店へ変わっていこうと、せどらーは慣れ親しんだブックオフに固執することでしょう。ブックオフの店頭から最後の一冊が消えるまで、せどらーはせどり続けるに決まっています。
（Z「ブックオフとせどらーはいかにして共倒れしたか——せどらー視点から見るブックオフ・クロニクル」、前掲『ブックオフ大学ぶらぶら学部』所収、一〇六ページ）

このように、かつてのブックオフへの懐古的な視線がここには表れています。先ほど私は、二〇一〇年代後半に現れてきたブックオフについての語りが、「消費者の目線」からのものだと指摘しました。これをより詳しくいうならば、その特徴は、ブックオフを利用してきた消費者によるブックオフへの懐古的な視線を持った語り、だということになるのです。

したがって、私はここで、こうした語りを総称して「ブックオフ思い出論」と名付けたいのです。

ここで注意したいのは、こうした「ブックオフ思い出論」がはらんでいる問題です。このようなブックオフへの語りには偏りが見られます。もっと具体的にいうと、「ブックオフ思い出論」ではひたすらブックオフがノスタルジックに「美化」されて語られている気がするのです。堀内圭子はノスタルジーの定義を確認しながら、ノスタルジーによってもともと美しくなかったものが美化されることを指摘しました（堀内圭子「消費者のノスタルジア――研究の動向と今後の課題」、成城大学文芸学部編「成城文芸」第二百一号、成城大学文芸学部、二〇〇七年）。つまり、記憶が過度に美化されるわけです。そう考えると、こうした「ブックオフ思い出論」もまた、過度にブックオフを美化するような側面を持っているでしょう。「ブックオフ思い出論」では、ブックオフの姿が偏ったものに固定され、美化されてしまうのではないか。ここに、私が考える「ブックオフ思い出論」の問題があります。

では、それは具体的にどのような語りの偏りを生み出しているのか、次からはそれを見ていきましょう。

ロスジェネと「貧しさ」とブックオフ

ここでは『ブックオフ大学ぶらぶら学部』での語りの特徴を考え、適宜「ブックオフをたちよみ！」の記事なども参照しながら、こうしたブックオフ思い出論がはらむ問題を考えてみましょう。

ここでまず確認したいのは、『ブックオフ大学ぶらぶら学部』を執筆したメンバーの年齢です。確認してみると、実は同書の著者全員が一九七二年から八二年の間に生まれていることがわかります。この十年に生まれた人々は、いわゆる「ロスト・ジェネレーション」世代にあたります。「ロスト・ジェネレーション」はバブル崩壊後から十年間の間に就職期を迎えた世代のことで、二〇〇七年、「朝日新聞」上でおこなわれた連載で命名されました。定義によって生年に幅はありますが、大まかな合意として、一九七〇年から八〇年初頭生まれを指すことが多いようです。「失われた世代」という命名からもわかるように、バブル崩壊後の就職氷河期に大学を卒業することになったために定職に就くことができない若者も多く誕生し、「非正規雇用」という言葉も社会の関心を集めることになりました。そんなロスジェネ世代にあたる彼らがブックオフの思い出を進んで語ることは偶然のことではありません。法政大学大学院教授の真壁昭夫は次のように述べています。

日本経済が長期の低迷に陥った一九九〇年代のバブル崩壊後、先行きへの不安を抱え、節約志向を強めていた人々にとって、ブックオフの登場は革新的だったのです。支出を抑えつつも小説や漫画、中古のCDなどを手に入れたい、という消費者の願望を叶えるのに重要な役割を果たしたといえるでしょう。

（及川全体「ブックオフで本が足りない…なぜ在庫不足に陥ったのか？〝古本〟需要の急増に追いつかず」二〇二〇年十月三日「Business Journal」）

ブックオフが登場した一九九〇年の数年後にバブルが崩壊し、ロスジェネ世代にとっての困難な時期が始まることになりました。そのときにブックオフは店舗を拡大し、彼らの目の前に現れたのです。ライターの雨宮処凛は当事者の一人として、ロスジェネ問題を多く取り扱ってきました。雨宮によると、彼らを語る際の重要なテーマに「貧しさ」があるといいます（雨宮処凛編著、倉橋耕平／貴戸理恵／木下光生／松本哉『ロスジェネのすべて――格差、貧困、「戦争論」』あけび書房、二〇二〇年）。真壁の主張のなかに登場する「節約志向を強めていた人々」は、もちろんロスジェネ世代以外の人々も該当するでしょうが、それはロスジェネ世代にはより強く感じられていたのではないでしょうか。そのような世代による語りは、特に「貧しさ」という問題からのブックオフ像を強調することになるのではないかと思います。

実際『ブックオフ大学ぶらぶら学部』を見てみると、著者たちが、貧乏であったがゆえにブックオフを頼みの綱にしていた、という記述がたびたび現れることに気づきます。例えば、同書の発行人でもある島田潤一郎の次のような言葉はそれを顕著に表しているでしょう。

ブックオフはまるでセーフティネットのようだった。社会に行き場のない人たちが集い、カルチャーをなんとか摂取しようとしていつまでも粘る場所。お金がなくても気軽に出入りできる場所は、図書館や新刊書店、コンビニを挙げるまでもなく社会にいくつも存在していたが、ブックオフがそれらの場所と決定的に違ったのは、一〇五円でなにかを手に入れることができる場所であったということだ。

(島田潤一郎「拝啓ブックオフさま」、前掲『ブックオフ大学ぶらぶら学部』所収、一六六ページ)

ここで語られるブックオフは、経済的に恵まれていない人に対しても安く本を提供してくれる存在です。そのような青春時代を支えてくれた存在こそがブックオフであり、むしろ「貧困」であることがブックオフのすばらしさを強調するのです。このように書く私自身も前掲「ブックオフは公共圏の夢を見るか」で、ブックオフを肯定的に語りうる根拠として、ブックオフの本の安さを取り上げました。私自身はロスジェネ世代ではありませんが、こうした側面は確かにブックオフを利用していれば当然気がつくことです。また、「ブックオフをたちよみ!」のなかでも、ロスジェネ世代よりも下の世代の人物がブックオフをその安さから称賛する記事が見受けられます。

非モテ的メンタリティーと居場所としてのブックオフ

「ロスジェネ」に続いて私が提示したいのは「非モテ」的メンタリティーとブックオフの関わりについてです。二〇〇〇年代なかごろには「ロスジェネ」とは別に、インターネットを中心に「非モテ」という言葉も生まれていました。「非モテ」については、西井開が『「非モテ」からはじめる男性学』（〔集英社新書〕、集英社、二〇二一年）などで探求していますが、「恋人がいない」あるいは「他者から好意を向けられない」といった人々のことを示しています。先ほども紹介した島田は、次のようにも書いています。

> 店にはぼくと同じような若者がたくさんいた。お金がなさそうで、付き合っているパートナーもいなさそうで、ゲームとマンガとサブカルチャーが好き。二〇〇〇年代前半は景気がめちゃくちゃ悪かったし、みながみなパソコンをもっているわけでもなかったから、お金がなくて、時間だけがある文化系の若者たちはこぞってブックオフに足を運んだ。
> ぼくと同じように学校にも仕事にも行っていなさそうな人たちを見るとほっとした。
> （前掲「拝啓ブックオフさま」一六五ページ）

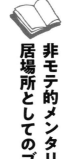

島田の証言は、先ほども指摘した「貧困」とブックオフの結び付きを顕著に物語っていますが、それと同様に注目したいのは、そこに集っていた若者たちが「ぼくと同じような若者」で、具体的には「お金がなさそうで、付き合っているパートナーもいなさそう」な人々だったということです。ここからは、当時「非モテ」と呼ばれていたような人々と『ブックオフ大学ぶらぶら学部』の親和性がどことなく読み取れます。もちろん、島田の個人的な回想だけから「非モテ」とブックオフをつなげて語ることは、危うさをはらんでいるでしょう。しかし、私が「非モテ」という言葉とブックオフのつながりを強調するのは、「非モテ」が持つメンタリティーに注目したいからです。

「非モテ」のメンタリティーとは何か。精神科医の熊代亨は自身のブログで「非モテ」論壇を回想しています。熊代によれば、「非モテ」のメンタリティーの底には「「いっぱしの人間として社会で扱われている感覚の欠如」や「あるべき自分と現実とのギャップ」のような、何やら心理学的な概念に親和性のありそうな、そういったニュアンスが多分に含まれていた」といいます（熊代亨「なぜ非モテ論議が衰退していったのか――非モテ同人誌『奇刊クリルタイ』を振り返りながら」二〇一二年六月二十日「シロクマの屑籠」）。ある種の社会との相いれなさや社会のなかで「孤独」であるという感覚を「非モテ」論者が共有していたことがうかがえます（熊代は非モテ論者たちの集会にも顔を出していたというので、この記述の背景には、熊代自身が感じた非モテ論者の雰囲気があったのでしょう）。

こうした「非モテ」的メンタリティーに通じる観点を『ブックオフ大学ぶらぶら学部』の執筆陣は持っていたのではないか。例えば、島田はブックオフのオウンドメディア「ブックオフをたちよみ！」で次のようにも述べています。

僕は孤独なときや暗い時期にブックオフに救われたんですよ。決してウキウキしながら行っていたわけじゃないけれど……心の拠りどころでした。僕みたいに「ブックオフしか行くところがない」という人は今も全国にいると思うので、そういう人に〔『ブックオフ大学ぶらぶら学部』を：引用者注〕読んでほしい。

（島田潤一郎「ブックオフに孤独を救われた男がブックオフの本を出す話」二〇二一年一月二十日「ブックオフをたちよみ！」）

島田は「孤独」を癒やすためにブックオフを訪れていたといいます。ここでは、「非モテ」のメンタリティーである「孤独」を救う存在としてブックオフが描かれているのです。では、こうしたメンタリティーを持つ人々にとって、ブックオフとはどのような存在なのか。

それは、「居場所」としてのブックオフです。実はすでに引用しているブックオフ思い出論のなかでも、ブックオフを「居場所」として語る言葉が大変多く見受けられるのです。例えば、「その時、人は無防備で集中する」でホホホ座の座長・山下賢二はブックオフについて「居てて安心するんです。ぼくみたいな『オッサン』がいつまでもいていい場所ですからね」（前掲『ブックオフ大学ぶらぶら学部』所収、三六ページ）と述べています。また先ほども引用した「ブックオフをたちよみ！」に掲載された藤谷千明によるエッセーでは、「思春期の私の居場所は学校でもライブハウスでもストリートでもなく、ブックオフでした」（前掲「文化に憧れる地方の少女は、今日もブックオフに行く」）と書かれています。ブックオフ思い出論に見られる、ブックオフを「居場所」とするような感覚は、ある意味では「非モテ」的メンタリティーが持つ「孤独」の感覚と表裏だったのではないでしょうか。

「ロスジェネ」と「非モテ」は時代的な重なりはあるものの、一致するものではありません。しかし、『ブックオフ大学ぶらぶら学部』の語り、およびそれ以外のブックオフ思い出論を見ていくと、二〇〇〇年代に現れたこの二つの思想との強い連関を感じさせるのです。

そして、それらはやはりブックオフ思い出論を語る人々が二〇〇〇年代に青春を過ごし、それらの時代を懐古的に語ることに起因しているのではないでしょうか。

「ブックオフ思い出論」がはらむ問題

『ブックオフ大学ぶらぶら学部』でのブックオフ像は、良くも悪くも二〇〇〇年代という時代との親和性が高く、その意味でその偏りが指摘できます。そうすると、次のようにいえるのではないでしょうか。

すなわち、『ブックオフ大学ぶらぶら学部』でのブックオフの評価は、二〇〇〇年代のブックオフに対する評価としては妥当だとしても、その後も変容を続ける現在のブックオフに対する評価としてはそぐわない、ということです。

ブックオフではかつて、ほとんどすべての商品を定価の半額か百円、二百円で売っていましたが、現在ではPOSシステムで商品を管理するようになり、出版年度の新しさや人気に応じて全国一律で価格を決定し、かつてほどの安売りで本を入手することができなくなりました。すでに取り締まられてしまいましたが、数多くのマンガを違法で無料に読むことができた「マンガ村」に代表されるように、現在ではネット上でときには違法な方法で安くコンテンツが消費されるようにもなっています。「貧しさ」とブックオフという観点は、あくまでも一昔前のブックオフの捉え方なのです。

また、すでに序章などでも確認しているとおり、近年ブックオフは古本チェーンから総合リユース店へと大きな変化を遂げています。書籍だけではなくブランド品やゲーム、洋服などさまざまな品種がそこでは扱われています。したがって、そこを特別な「居場所」として捉えず、ただ近所にあって、安くリユース品が買えるから行く、という人も多くなっているでしょう。ブックオフを居場所として特別視する考え方も、現在のブックオフの事情に鑑みると特殊な捉え方です。

いずれにしても、ブックオフ思い出論では、それぞれの論者が体験したブックオフの姿が強くその語りに影響を与え、現在進行形でのブックオフについての語り落としが生じてしまうことは否めません。私自身がそうしたブックオフ思い出論を語っていることもあるため、こうした論調をすべて否定する気にはなれません。実際に多くの人々の記憶のなかでブックオフは貧しかった私たちの居場所として機能したと思います。しかし一方で私は、ブックオフについての語りをそのようなノスタルジーにだけとどめておくことにも疑問を持ちます。

「ブックオフ思い出論」を超えて

このように語るのは、ブックオフをノスタルジーだけではない、よりラディカルな形で語ることが可能だと私は強く思っているからです。

ここで唐突に思われるかもしれませんが、こんな言葉を引用してみましょう。グローバルに店舗を展開するコーヒーチェーン・スターバックスの実質的な創業者であるハワード・シュルツが述べた次のような言葉です。シュルツは経営が一度傾いたスターバックスを立て直すために幹部一同を集めて、こんな言葉を述べたと言います。

> 象徴的なブランドは、〝文化的な権威〟を有し、人々に時代を見る枠組みを提供する。

（ハワード・シュルツ／ジョアンヌ・ゴードン『スターバックス再生物語――つながりを育む経営』月沢李歌子訳、徳間書店、二〇一一年、一〇〇ページ）

シュルツにとっての象徴的なブランドとは、スターバックスのことでしょう。スターバックスこそが、人々に時代を見る枠組みを提供するというのです。逆にいえば、スターバックスを考えることが、それを取り巻く社会や時代の考察になるということです。

これをブックオフに当てはめてみるとどうでしょうか。すでにいままで確認してきたように、良かれ悪しかれブックオフは一九九〇年以降の日本社会にとって象徴的な存在でした。だからこそ、かくもさまざまな人に、さまざまな方法で語られてきたのです。そうであるならば、ブックオフを考えることで、それを取り巻く社会や現代という時代について考えることができるのではないか。

ブックオフから考える――。

いささか凡庸な表現かもしれません。しかし、このようにしてブックオフを語ることで、私たちを取り巻く時代について見えてくるものがあるのではないでしょうか。

では、ブックオフから社会を考えるためのヒントはどこにあるのでしょうか。それは、すでに序章で取り上げた「なんとなく性」にあると私は思っています。私は序章で、この「なんとなく性」がブックオフにとって非常に重要だと述べました。「なんとなく性」がブックオフにどのように関わっているのかを考えることで、より深くブックオフを捉えることができるのではないか。

本章では、ブックオフについてのさまざまな語りを見ながら、それぞれの論者がそれぞれの方法でブックオフを語ってきたことを確認しました。その結果として、私たちは、新しいブックオフの語り方として「なんとなく性」をヒントとして「ブックオフから考える」ことが重要なのではないかということを明らかにしました。そこで、次章からは、ブックオフにまつわるさまざまなトピックを取り上げながら、どのようにしてブックオフが「なんとなく性」と関わっているのかを考え、そこからどのように現在の社会の姿が見えるのかを考察してみましょう。

BOOK・OFF 第2章

「めぐる」——ブックオフから都市を眺めて

あったのは私が普段は絶対に行かないであろう、
「情報・コンピューター産業」の棚。
BOOK・OFF
情報・コンピュータ産業
取引の動向と展望
管理ってそういうことだったのか！
100円
せっかくのめぐり逢い。中を覗いてみよう。
ページを開いてみるとこう書いてある。

本章ではブックオフを「めぐる」ことについて考えていきます。ブックオフが言及されるとき、しばしばさまざまなブックオフを「めぐる」という行為がおこなわれています。ブックオフは現在、全国で八百弱の店舗を展開しています。そのような膨大な数の店舗をさまざまにめぐる人が多いのです。もちろん、マニア的にその全店をめぐる人ばかりがいる、というのではなく（そのような人もいますが）、旅先でついブックオフに入ってしまう、というようにふらりと自分自身が知らないブックオフをめぐってしまうという人も多いのです。例えば、ライターの武田砂鉄は『ブックオフ大学ぶらぶら学部』に寄せた文章のなかで「出版社を辞め、ライター専業になってから六年ほどだが、打ち合わせであちこち出向くようになると、その周囲にあるブックオフを把握し、そこを訪問する時間を頭に入れておく」（「ブックオフのおかげ」、前掲『ブックオフ大学ぶらぶら学部』所収、一〇ページ）と書いています。ブックオフを「めぐる」武田の姿が浮き彫りになっているでしょう。

ベーシストでマンガ家としても活動する劔樹人も「ブックオフでどんな本をチョイスするかは、その人のセンスが出るものだ。大量の中古本の中から、どんなレア本を探し出すか。思えば当時の私たちはそれを競い合い、お互いを笑わせ、楽しんでいたのである。何度か、ブックオフツアーを開催したこともあった。車で一日かけて、何軒ものブックオフをはしごするのだ」（劔樹人「劔樹人の「ブックオフが一番好きだった」あの頃の話」二〇二一年六月三十日「ブックオフをたちよみ！」）と述べています。ここにもブックオフを「めぐる」人の姿が書かれています。

なぜ、人はブックオフをめぐってしまうのか。本章はそんな単純な疑問をめぐって書き進めていきます。そのヒントは、ブックオフが持つ「なんとなく性」にあるのではないか。その性質によって思わぬ本に出会うことが、そこを「めぐる」楽しさを作っているのだと私は考えています。それぞれの街のブックオフではそれまで自分が予想もしていなかったさまざまな本に出会うことができます。では、具体的にその出会いとはどのようなものであり、どのようにブックオフをめぐる人々を魅了しているのか。

ここでは、実際に私がいくつかの街のブックオフをめぐった記録と、日本一ブックオフをめぐった男として知られるとみさわ昭仁さんへのインタビューを通してこの疑問について考えてみます。まずは、私が東京の上野と秋葉原のブックオフを訪れたときの記録をごらんください。これは、「マガジン航」の連載で私が書いた文章に少しの修正を加えたものです。

『小林秀雄全作品』と上野で出会う

それはブックオフプラス上野広小路店でのこと。いつものように店内を物色していると突然それは現れた。

『小林秀雄全作品』

日本を代表する評論家、小林秀雄が生涯で残した莫大なテキストが、全二十八巻にすべて収められている。そのすべてがこの棚にあるのだ。全二十八巻がすべて並ぶ姿は壮観だ。奥付を見るとすべて同じ版だから、きっと誰かが一度に売ったのだ。しかしいったい誰だ、これを売ったのは。試しに一冊取ってなかを見る。驚くべきことに、これが全くきれいなのだ。売った人間はおそらく『小林秀雄全作品』の一作品も読んでいないのではないか。でも、読んでいても読んでいなくても『小林秀雄全作品』をまとめ買いした人がいたのは確かだ。その事実に思いを馳せてしまう。その人はうっかり『小林秀雄全作品』を買ってしまったのである。そしてすべて売ってしまったのである。だからこそ、いま私の目の前には『小林秀雄全作品』がある。

想像してみてほしい。何の過ちか、それとも本当にほしかったのか、『小林秀雄全作品』を買ってしまった人の悲劇を。二十八冊セットという大所帯である。きっと宅配での郵送を頼んだにちがいない。なぜならほかの方法がないからだ。あるにしても、それはこのうえなく悲劇的な方法だ。

「かついで帰る」

かつぐのだ。かついで『小林秀雄全作品』を持って帰る。それしかないじゃないか。あるいは両手で抱きかかえるとか、頭の上に乗せるとか、とにかく体を使って持って帰ればいいわけだが、しかしどれもこれもなんだか滑稽だ。手に取った『小林秀雄全作品』の一冊はなかなかの重さだ。これが二十八巻となると相当な重さ。これを持って帰るのだ。必死である。当然、普通の道にそんな必死な人はいない。もうそれだけで怪しい。つまり、『小林秀雄全作品』をかついで帰るとはこのような悲劇の始まりなのだ。

ここでふと気になり、ブックオフは買った商品の郵送をおこなっているのか調べてみる。どうやらそうしたサービスはないらしい。ここに、また別の悲劇がある。ブックオフプラス上野広小路店で『小林秀雄全作品』を買った人はどうなるか。

「かつぐしかない」

電車でじろじろ見られようが、職務質問されようが、道で悪態をつかれようが、石を投げられようが、とにかくかつぐしかないのだ。しかし、実際にそういう人はいなかったのだ。だからこそ、いま私の目の前には『小林秀雄全作品』がある。

しかしそろそろ本をかつぐ話はいいんじゃないか。私が書こうとしていたのは、『小林秀雄全作品』を買い求め、そして売ってしまった人の悲劇である。なぜその人は『小林秀雄全作品』を買ったのか。身の回りではやっていたのかもしれない。どんな身の回りだ。

近隣コミュニティから売った者を想像する

いま、なんとはなしにブックオフプラス上野広小路店を「Google Map」で見てみる。すると、その周辺で気になる建物を見つけた。

「東京大学」

上野広小路店から東京大学までは意外なほど近い。なるほど、こうして見ると、『小林秀雄全作品』を買ってしまった者の輪郭が少し見えてくる。つまりそれは東大生ということだ。東京大学にいるのは間違いなく東大生だ。いや、もしかしたら早大生とか、慶大生とか、ことによれば、京大生やデジタル・ハリウッド大学生だっているかもしれないが、とにかく東大生が多い地域なのである。あるいは東大生的なる人々、といってもいい。東大の敷地内にいる人はみな東大生的なる人々だ。

私は東大生でも東大生的なる人でもないからわからないのだが、やはり東大ではいま小林秀雄の話題でもちきりなんじゃないだろうか。教室ではもちろんのこと、生協でも学食でもみな話題は小林秀雄のことばかりだ。学食にはこんなメニューもあるはずだ。

「小林秀雄ラーメン」

そんなラーメン私は食べたくないが、東大はそうなのだ。そうにちがいない。そしてその圧に負けて『小林秀雄全作品』を買ってしまった者がいる。本当に小林秀雄が読みたかったとか、まして研究でそれが必要な人ではないはずだ。なぜなら、その人は買った全集を売るのだ。ブックオフで。だからこそ、いま私の目の前には『小林秀雄全作品』がある。

しかし、本来ならば、ブックオフに『小林秀雄全作品』などあるべきではない。東大の周りにはブックオフよりも歴史があり、趣のある古書店が多く存在している。百歩譲ってだ。『小林秀雄全作品』を売るにしても、そういう昔ながらの古書店で売ったほうがよかったんじゃないか。いや、そういうところで売るべきだと思うんだよ。その人はそうした古書店で『小林秀雄全作品』を売らず、ブックオフプラス上野広小路店でそれを売った。なぜか。知らないのだ。いや、普段目にはしているのだろうけど、それが古書店だとは思っていないにちがいない。その人にとって古書店といえばやはりブックオフなのだ。そして何度も繰り返すようだが、この人は『小林秀雄全作品』を読まなかった。学内で話題というだけで買ってしまった者である。ここから『小林秀雄全作品』をブックオフプラス上野広小路店に売った者の姿がさらにはっきりする。こう言うとなんだか哀愁が漂うが、しかししょうがない。そうにちがいないと思うから書こう。

「落ちこぼれの東大生」

いや、そもそも東大に行くような人に落ちこぼれがいるのかどうか私は知らないし、なんだか実在しないような気もしないではないが、でもいると思うのだ、落ちこぼれてしまった東大生も世の中には。落ちこぼれの東大生は、きっと、古い古書店を知らないのだ。いいじゃないか、古い古書店を知らなくっても、となぜこの人の肩を持っているのかわからないが、いずれにせよこの人は『小林秀雄全作品』を売った。ブックオフで。だからこそ、いま私の目の前には『小林秀雄全作品』がある。

隣接する本が醸し出すハーモニー

さて、その人の家に全二十八巻そろい踏みで『小林秀雄全作品』がやってきた。その人は届いた本を前に呆然と立ち尽くし、こうつぶやく。

「どうしよう」

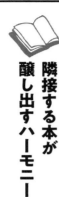

どうしようもこうしようもない。読めばいいのだ。本は読むものなのだから。読め、いますぐ。しかし、その人は読まない。なぜなら落ちこぼれの東大生だからだ。しかも二十八巻もあるのだから「じゃま」ときた。きっと一人暮らしなのだろう。とにかくじゃまだ。それを前にしてどうすることもできず、ただ茫漠と立ち尽くす。これこそ『小林秀雄全作品』を買ってしまった者の悲劇だ。

そしてやはり私の脳裏をかすめるのは、その人がいったいどうやって『小林秀雄全作品』を家からブックオフプラス上野広小路店まで運んだかについてである。やはりかつぐのだろうか。もしかついで売りに出したのだとしたら、またそこに悲劇が存在する。そうした悲劇を経て、いま私の目の前には『小林秀雄全作品』がある。

もう一度先ほどの本棚を見る。ここで注目すべきは『小林秀雄全作品』の隣にある本だ。

『夏井いつきの超カンタン!俳句塾』

ここにもまた落ちこぼれ東大生の姿が透けている。きっと東大では、誰しもが俳句を詠むのだ。なぜならそこは東大だからである。俳句ぐらい詠めないようでは仕方がない。しかし、そこにもやはり落ちこぼれがいる。なんとかして俳句を詠みたい。なぜなら大学は俳句の話でもちきりだからだ。『奥の細道』の聖地巡礼をした者らもいるらしい。こうして大学の片隅で肩身の狭い思いをしているから、藁にもすがる思いで俳句を学ぼうとする。難しい本だとよくわからない。そこで手にしたのが、『夏井いつきの超カンタン！俳句塾』だ。どこで買うのか。東大のなかにある本屋に決まっている。そして購入時には、相手が東大生とは思えないほどの罵詈雑言を本屋の店員から吐かれるのだ。

「俳句、詠めないんだ」

屈辱だ。ほかにも「ホントに東大生？」とか「「超カンタン！」ってラクしようとしてて、ださい」とかさんざんだ。またもや悲劇である。しかし東大とはなんと恐ろしいところなのか。落ちこぼれ東大生は恐縮しながらレジを抜け、やっとの思いで家まで本を持って帰ってくる。

ここで問題になるのは、はたしてこの東大生は『夏井いつきの超カンタン！俳句塾』を読み、俳句が詠めるようになったのか否かである。答えは簡単だ。「否」である。なぜなら落ちこぼれた東大生はこの本を売ってしまったからだ、またもやブックオフで。その証拠に、いま私の目の前には『夏井いつきの超カンタン！俳句塾』がある。

なぜ売ったのか。この人は恐る恐る本のページを開ける。そして冒頭にある一文に驚愕するのだ。

「俳句がうまくなるコツは「とにかく毎日つくること」」

作れないよ、そう言われても。作れないから買ったんじゃないか、この本を。ここにまた悲劇が存在する。そして『小林秀雄全作品』と同じように、いや、はたしてそれが『小林秀雄全作品』を売った人なのかどうか全くわからないし、高い確率で異なる人だと思うのだけれど、とにかくそれはブックオフに売り飛ばされることになる。いま、『小林秀雄全作品』と『夏井いつきの超カンタン!俳句塾』をブックオフプラス上野広小路店に売った者らはどうしているだろう。その人は『小林秀雄全作品』を読めただろうか。その人は俳句を詠めただろうか。たぶん読めて/詠めていないんだろうな。

ブックオフプラス上野広小路店の書棚には、落ちこぼれた東大生の悲劇が詰まっていた。あるいはブックオフにはほかにも読まれなかった本たち、あるいは必要とされなくなった本たちの悲しみがそこかしこに詰まっている。不必要なものたちが、ただそれだけの巡り合わせで同じ書棚に並んでしまう。誰が小林秀雄と夏井いつきが隣り合うことを想像しただろうか。しかし、やはりいま私の目の前には『小林秀雄全作品』があり、そして『夏井いつきの超カンタン!俳句塾』がある。

＊＊＊

しばらくたってからブックオフプラス上野広小路店をまた訪れる。あのときの書棚をもう一度見てみた。『小林秀雄全作品』はポッポッ売れていた。『夏井いつきの超カンタン!俳句塾』も売れていた。誰が買ったのだろう。また、落ちこぼれた東大生だろうか。

悲劇は伝播する。

秋葉原のブックオフへ

ブックオフの書棚にはその街の姿が表れる。上野広小路店でそんなことを考えた。そこには落ちこぼれの東大生の姿があったのだった。さて、また別の日に、今度はブックオフ秋葉原駅前店を訪れた。秋葉原駅のすぐ近くにあるこの店舗は全部で六フロアあり、古本のデパートとでもいうようなたたずまい。ここまで広いブックオフはなかなかない。ビルの大半がブックオフなのだ。

一階では家電やブランド品が売られ、ここがブックオフであることを忘れそうになる。近くにフロアマップがあったので見てみると、驚くべきことが書いてあった。

「六階・ライトノベル　五階・アニメイラスト集」

「ライトノベル」や「アニメイラスト集」が店内の一角を占めているのだ。ここは秋葉原。ほかのブックオフにはないコーナーも、ここならうなずける。この店舗風景もまた、「ブックオフはその街を映し出す」ことの例として語りうるのだろう。しかし、私たちはここでさらに考えなければならない。

「これを売ったのは誰か」

先ほど、『小林秀雄全作品』を売った者らを想像したように、いま、私の目の前に広がっている「ライトノベル」や「イラスト集」を売ったのは誰なのかを想像したいのだ。この答えの一つとして考えられるのは、次のようなものだろう。

「秋葉原に来たオタクたち」

私たちがいままで考えてきたことを踏まえるならば、こう答えるべきだ。その街にいる人がブックオフの書棚を決定するのだった。しかしこの答えに対しては、いくつか反論がきそうだ。

「秋葉原にオタクはそんなにいるのか」

もっともである。そんなにいるのか。『電車男』が小説・映画版ともに話題になり、「秋葉原＝オタク」というイメージが根付いたのが二〇〇〇年代なかごろのこと。すでに二十年ほど前である。もちろん実際にオタクと呼ばれる人たちが多く存在したために、そうしたイメージが定着したのだろうが、それにしてもこのイメージはステレオタイプな気もする。

現在の秋葉原の街は、オタク文化の発信地というよりもインバウンド需要で増えた外国人が手軽に「クールジャパン」を感じることができる街になっているような気もする。事実、秋葉原の街を歩いていると目につくのは、オタクの人々よりも外国人の存在のほうである（とはいえ、新型コロナウイルス感染症の流行拡大によって外国の人々が減っていた時期もあるのだが）。

しかし、もっと重要なのは次のような指摘だ。秋葉原にオタクがたくさんいて、そしてそういう者らがライトノベルやアニメのイラスト集を持っていたとしてだ。

「オタクたちは秋葉原まで本を売りにくるのか」

すべてのオタクが秋葉原に住んでいるはずはない。だとしたら、彼らはわざわざ秋葉原までそうした書籍を売りにきたのか。そうなるとすごい。つまりこういうことだ。

「オタクたちは書籍をかついでブックオフに売りにきた」

トレーニングだろうか。いくらなんでもつらすぎる。だとしたらオタクたちはかなりの努力家である。彼らは秋葉原という街のイメージに合わせるように、わざわざ重い書籍をかついで秋葉原のブックオフにやってきたのだ。

ブックオフのコペルニクス的転回

しかし、ちょっと考えればわかるように、そんなことはない。オタクたちにそんな義務はないのだ。実際、秋葉原のブックオフの書棚を見てみると、明らかにそれとは無関係の本たちもいる。例えば、こんなものだ。

『水墨画歳時記』

まあ、確かにイラスト集といえばイラスト集になるのかもしれないが、秋葉原で売っているイラスト集とは趣が違うだろう。なんといっても「水墨画」だ。その隣にはこんなものもある。

『染衣――古澤万千子選集』

染色家、古澤万千子の作品集である。箱入りでものものしい感じがする。というか、『水墨画歳時記』と『染衣』が並んでいるブックオフの棚とはいったい何だろう。この棚は横に「美術」

と書かれたプレートが置いてあり、その名のとおり美術に関する本がずらりと並んでいる。『Le Louvre』という、ルーブル美術館の所蔵品を延々と紹介している分厚い本なども売っている。誰が売ったんだ。この書棚だけ見ていると、なんだかここは全く秋葉原ではないような気もする。

ここで私はあることに気がついた。とても大事なことだ。

「ブックオフは街のイメージによって作られているだけではない」

そもそもブックオフとその周辺の街を結び付けて考えすぎだったのかもしれない。いや、でも、街とブックオフにはある程度の関連性があることもわかっているのである。だとすればこうは考えられないか。

「ブックオフが街のイメージを融解させる」

店に入ったとき、私は秋葉原のステレオタイプにとらわれてその書棚を見ていた。しかし、いつの間にかブックオフの書棚が、秋葉原のイメージを融解させていた。現に私は、秋葉原について、「オタク」というイメージを超えた姿を感じ始めている。それは次のようなものだ。

「『水墨画歳時記』や『染衣』を読む人がいる街」

いったいそれはどんな街なんだ。いや、それが秋葉原だということにちがいはないが、イメージがわかない。しかし、そういうことなのだ。私はいままで、街がブックオフに影響を与えていることについて書いてきた。しかし、もしかすると私たちは、「ブックオフが街のイメージを変えること」にも思いを馳せなければならないのかもしれない。

私の脳内でいま、秋葉原のイメージは大きく塗り替えられたのだった。

ブックオフをめぐることで、街のイメージ、もっと大きくいえば世界のイメージを更新することができるのではないか。大きく出た、と我ながら思う。

ここまで二つのブックオフめぐりの記録を通して、ブックオフめぐりが街や都市を新しい視点で見せてくれることを述べてきました。実際に、ブックオフの書棚を多くめぐってきて感じるのは、その書棚が地域ごとによってきわめて多様であることです。序章でも取り上げたとおり、ブックオフはその店に持ち込まれた本をその店で出すシステムが定着しています。したがってそこに置いてある本は、そのブックオフがある店舗の周辺住民たちがかつて読んでいたものであり、そのラインアップからは周辺住民たちがどのような本を好んでいたのかがわかります。売られたものがほぼそのまま集積していく「なんとなく性」がブックオフで重要だと私は述べました。その点で、ブックオフは、「なんとなく性」によってその周辺の都市のありようを浮かび上がらせているともいえるでしょう。

ブックオフを日本一めぐった男が語る面白さとは

さて、ここからは私と同じように、いや、私以上に数々のブックオフをめぐったとみさわ昭仁さんに、ブックオフめぐりの魅力を尋ねてみましょう。とみさわさんは「ブックオフを日本一めぐった男」として知られていて、北海道から沖縄まで日本全国津々浦々のブックオフをスタンプラリーのようにして回っています。

一見すると同じようにも思えるブックオフの店舗に通い続けるのはなぜなのか。そこにはどんな魅力があるのか。とみさわさんの視点から自由に語ってもらいました。

とみさわ昭仁
プロコレクター、ライター、アレコード蒐集家、日本一ブックオフに行く男。ナスカジャン考案者、特殊古書店マニタ書房の元店主。
著書に『勇者と戦車とモンスター――1978～2018☆ぼくのゲーム40年史』（駒草出版株式会社ダンク出版事業部、二〇二一年）、『無限の本棚 増殖版――手放す時代の蒐集論』（「ちくま文庫」、筑摩書房、二〇一八年）など。

谷頭和希 本書では、ブックオフの社会的・文化的意味を捉え直そうという趣旨でブックオフをさまざまな面から考察しています。そのなかで日本一ブックオフの店舗をめぐっているとみさわさんにブックオフめぐりの面白さ、店舗ごとの違い、思い出や掘り出し物などをうかがいながら、そこまでとみさわさんを魅了するブックオフの魅力をお聞きできたらと思っています。

ブックオフをコレクションする

谷頭 そもそも、とみさわさんは現在までに、何店舗ぐらいのブックオフをめぐられましたか?

とみさわ昭仁 最終的な訪問店数は五百六十六店ですね。僕はブックオフのリストをエクセルシートで作って、回った店舗にはチェックを入れているのですが、僕がリストを作った最終段階で現存している本を扱っている支店は七百五十七店ありました。

※編集部注:現在の店舗数は七百九十六店(二〇二三年四月現在)(「月次報告」「BOOKOFF GROUP HOLDINGS」)

谷頭 全店舗の約八割ほどはめぐられた、ということなんですね。すごい……。どんなきっかけ

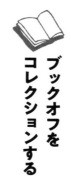

があってブックオフめぐりを始められたんですか？

とみさわ　直接的には、マニタ書房という自分が経営していた古本屋で売る商品を探すためだったんですよ。ただ、そのために商品を探してめぐっているうちに、僕はコレクター気質があるので、ブックオフ自体を集めたくなったんです（笑）。

あるとき、自分が行ったことない店があとどれぐらいあるのか、チェックリストを作り始めました。公式サイトを見て、北は北海道、南は沖縄まで、どのくらい支店があるのかをコピペしてエクセルに貼り付けていって、店舗リストを作りました。それで、行った店舗のリストを塗りつぶしていくんです。それをやっていくと、そのこと自体が楽しくなってくるんですよ。関東から始めましたが、仕事で遠出をする機会があると、そこでも何店舗か立ち寄るようになります。でもブックオフって郊外にありますよね。そうすると、リストをつぶすのが目的になっているので、現地でわざわざレンタカーを借りて、行っていましたね（笑）。

谷頭　最初にたくさん回られた地域はどこだったんですか？

とみさわ　名古屋です。二〇一二年にマニタ書房を始めようと思い立って、その開店準備も兼ねて、名古屋にある二十店舗くらいを全部回りました。その後も、車で関東周辺から福島、長野あたりも行ったし、取材と称して大阪、京都にも行ったり。それがだんだんエスカレートしていって、「北海道は札幌市内だけで二十数店舗ある」「沖縄にも六店舗あるらしい」ということがわかったら、ブックオフのためだけに飛行機に乗って、全部回るということもしました。

谷頭　そこまでさせる何かがブックオフにあるんですね……。多くの店舗を回られたなかで、特に印象深い店舗はありますか？

とみさわ　行った店舗は、必ず外観を写真に撮っているんですが、外観が特徴的な店舗は好きですね。ブックオフは出店のときに費用を安くするため、居抜きで入る場合が多いのですが、そうすると突拍子もない形のブックオフが生まれるんですよ。

　でも、どんな形でも、創業当時のイメージコーポレートカラーの赤、黄、青の三色に塗ってしまえば完全にブックオフになるんですよね。僕はそれをトリコロールならぬブッコロールと呼んでいます（笑）。いまはカラーが変わりつつあってオレンジと紺ですけどね。

　そのなかでも有名なのは、三角屋根が特徴的な愛知県の豊田下林店ですね。ここはいわゆる「アルペン遺産」といわれているもので、元がスポーツ用品店アルペンを居抜きした店舗です。ほかにもスキー板の形をした看板みたいなものがあります。明らかに元はスキー用品店だろうというところをそのまま使っている群馬県の藤岡店とかね。「本」と書いとけばいいでしょ、というむちゃな感じが好きですね（笑）。

※編集部注：二〇二三年三月現在、藤岡店は改装され、写真の外観は残っていない。

谷頭　実は僕も「居抜き」は面白いなと思っていて、前にディスカウント・ストアのドン・キホーテについての本を書いたんですが、ドンキも居抜き店舗が多いんですよね。もともとテーマパークだった場所がドンキになっていたり、秘宝館だった場所がドンキになっていた

写真6　豊田下林店（写真提供：とみさわ昭仁氏、撮影：2013年）

写真7　藤岡店（写真提供：とみさわ昭仁氏、撮影：2014年）

り、その不思議な外観を見るだけでも面白いんですよね。

自分にとって価値ある本が見つかるブックオフ

谷頭　しかし、とみさわさんのブックオフへの熱意は、並々ならぬものを感じます。どうしてそこまでブックオフに行かれるんでしょうか。

とみさわ　それは、先ほどお話ししたマニタ書房に関係しています。マニタ書房はブックオフがなかったら成立しなかったんですよ。お店の基本的なコンセプトは、価値ある貴重な本を探してきて並べるのではなくて、僕の視点でいいと思った本を並べる本屋でした。例えば、『歩くだけ健康法』『お酒健康法』とか、変な健康法の本をずらっと並べていました(笑)。僕はそういう虫のいい健康法が大好きだったのですが、そうした本は従来の古書市場的には全く価値がないクズ本なんですよね。

谷頭　この本でも随所で触れていますが、従来の古書店は、神田神保町などで開かれる古書市場などで古書を買い入れるわけですよね。そうした正規の古書市場が頼っていた仕入れルートではそういう本は見向きもされないと。

とみさわ　そして、そういう本のほとんどを、ブックオフの「百円コーナー」で仕入れていました。

谷頭　なるほど。確かに百円コーナーって、どこの出版社が出したんだろう、という本があって面白いですよね。ある意味ではこれまで全く価値が見いだされていなかった「クズ本」＝「掘り出し物」の聖地といえるかもしれない。百円コーナーで掘り出し物に遭遇しましたか？

とみさわ　ブックオフに通っているなかで、百円で見つけて、それを二千五百円で自分の店で売ったことがあります（笑）。いわゆる「セーターブック」というやつで、セーターの編み方についてのムックなのですが、これにはその当時の人気のタレントや俳優などがモデルとして使われていました。一九八〇年代から九〇年代にかけて、ヴォーグ社などいくつかの出版社から似たコンセプトの本が多く出されていたみたいです。現在からすると、旬から外れた人だったりするから、はっきり言って、あまり価値がない（笑）。

谷頭　それをブックオフで見つけたわけですね。

とみさわ　普通の古書店なら百円で置いておいて、いつか売れたらいいな、ぐらいの本です。なぜこのセーターブックが面白いと思ったかというと、俳優の竹内力がモデルをやっているもの

写真8　講談社編『竹内力セーターズ』（ベストあみものシリーズ）、講談社、1990年

があったんです。いまでは強面の印象が強いですが、彼はデビュー当時、すごく爽やかな好青年でした。そんなデビュー直後の爽やかな竹内力が、絶対いまは着ないようなセーターを着てやさしくほほ笑んでいるんですよ（笑）。これは最高じゃないかと思って、それを百円で買って、二千五百円と強気の値段をつけて並べたら、その日のうちに喜んで買っていった人がいました。これはブックオフに行かなかったらありえないことで、僕にとっての掘り出し物ってこういうものなんですよ。

谷頭　セーターブックのような本は、一般的な古書市場ではほとんど価値を認められていないけれど、ブックオフではそういう本も扱われているということですね。

一方で、ブックオフのなかにはいわゆる普通の古書店で売っているような本を扱う店舗もありますね。

とみさわ　本書の序章で、地域性が品ぞろえに反映される例として東中野店が出ていました。東中野店の一角には、特殊な品ぞろえのコーナーがあります。いわゆるブックオフ的ではない古い本があり、しかも百円、二百円均一とは違う値付けがされています。

谷頭　ブックオフといえば新品同様の白いピカピカした古本を売っているイメージがありますが、そうではないもっと昔の茶色く変色したような本ですよね。高田馬場北店にもそのような売り場がありますね。

とみさわ　余談ですが、そうしたコーナーがあるのは、明らかにそこがフランチャイズ店舗だという証しですね。普通にブックオフ直営の支店として出店した場合は、本社のマニュアルどおりの均一の買い取り、均一の値付けなのですが、元古書店の店主がフランチャイズになったりすると店が違う形になるのではないかなと。あくまで僕の推測ですが、そうした個性を感じるのが、現在残っている東京の店舗だと、東中野店と高田馬場北店です（※編集部注：どちらもリニューアル準備のため休業中。二〇二三年五月現在）。「ブックオフをたちよみ！」のブックオフめぐりをする人たちの座談会（「1日に15店も回る!? 異常にブックオフが好きな男たちのオススメ店舗は？」二〇二〇年十月十五日「ブックオフをたちよみ！」）でも語っていましたけど、ブックオフマニアはだいたいそうした店舗をかぎつけます（笑）。

でも厄介なのは、そのフランチャイズの個性的な品ぞろえが僕にとっていい店かというとそうとも限らないんですよ。古本マニアはそれを喜びますが、僕は逆で、だったら普通の古本屋に行けばいいと思う。

谷頭　僕がなぜそんなにブックオフに興味を持つのか、という話につながりますが、ブックオフは均一な値付けをするから好きだったんですよ。もちろん、一般の古本屋も好きだけど、それとは好きな理由が全く別です。ブックオフは価値がある古い本を切り捨てたりもする一方で、僕にだけ価値がある本が逆に百円で売られていたりするんですよね。それが僕にとって、宝探し感が強かった。

まさにセーターブックスがとみさわさんにとって宝物であったことがそれを表していますね。

ブックオフと本の価値

谷頭　本の価値という話でいうと、ブックオフが登場したとき、古書市場にとって価値がある本を捨てていて、けしからんという論調も古書業界からありましたよね。でも逆から見ると、古書市場的には価値がない本でもブックオフでは商品として売っていたというのが面白いですね。

とみさわ　古書業界からすれば価値がある本が切り捨てられていて、古書という資産をないがしろにしているというふうに見える。けれど、ブックオフ側に立つと、マジョリティであるお客さんはそんなことを望んでいなくて、それよりも話題の小説が百円で買えるんだからうれしいでしょうとなる。そうした割り切りはいいですよね。これはどっちがいい・悪いという話ではないと思います。

谷頭　本当にそうですね。個人経営の古書店対ブックオフという図式で、ブックオフは従来の古書市場や出版文化を壊しているという批判がこれまでされてきました。僕も最近、ブックオフの本部の人にお話をうかがう機会があったんですけど、ここ十年ぐらいでやっとブックオフについてとみさわさんのような肯定的な人が出てきたとおっしゃっていました。

とみさわ　相変わらず、古本マニアのなかにはブックオフを敵視する人もいると思います。僕はブックオフ擁護派として孤軍奮闘しているつもりでしたが、先ほどお話しした座談会にも出ていた『ブックオフ大学ぶらぶら学部』の人たちに会って、出版業界や古書業界のなかにも、きちんと「ブックオフが好きだ」と言える人がいるんだなと思いましたね。

谷頭　ただ、お話を聞いていると、とみさわさんのブックオフに対するスタンスは、「ブックオフ好き」というのとも少し違う気がします。

とみさわ　そうかもしれません。自分のことを古本マニアとかブックオフマニアとかではなく、プロコレクターと呼んでいるのは、集める対象が好きなのではなくて、集めるという行為が好きだからですね。

　根がそういうコレクターですから、統一された規格でバリエーションが違うものが大好きなんですよ。トレーディングカードとかもそうじゃないですか。ブックオフも回ってるうちに、三色という規格のなかでいろんな形のブックオフがあるというのが面白くなってきて、それをたくさん見てやろうと。どこに魅力があるんですかと言われたら、そことしか言いようがないんですよね。だから、ブックオフもショップカードみたいなものを各店舗で作っておいてくれたら、もっとモチベーションが上がるんですけどね。でもそれがないから、自分でリストを作って、代償行為として外観の写真を必ず撮る(笑)。

谷頭　同じ規格で違うバリエーション。確かにチェーン店にはそうした部分がありますよね。とみさわさんのお話を聞けば聞くほど、ドンキとブックオフはすごく似ているんだなと思いました。北海道のドンキを回ったときも結局同じだな、とぱっと見では思いましたが、よく見ると、実はそれぞれで全然違う形状をした店舗があるんですよね。

そうしたとみさわさんのコレクターとしての素養はどこで生まれたんでしょうか。

とみさわ 僕は赤瀬川原平さんの影響をすごく受けています。赤瀬川さんは僕よりかなり上の世代でしたが、彼が所属していた路上観察学会(1)の人たちよりは一世代下なので、それと出会ったとき、もう少し年齢が近ければ参加したかったですよ。でも同時に赤瀬川さんたちの活動を知って、「先にやっている人がいた」と思って、これはかなわないとも思いました。そういったところから、コレクションするほうに行って、酒蓋という一升瓶の蓋から始まって、ミニカー、トレカ、野球カード……。ほかにも、僕が中学生のころは第一次映画チラシブームで、映画のチラシは無料でもらえるから中学生でも集めやすかったので、チラシも集めました。そういう経験を経てたどり着いたのが、ブックオフだったりするわけです。「エアコレクター」って自称していますが、物を集めるんじゃなくて、チェックリストを作ってチェックリストを埋めればそれでいいという境地に至りました（笑）。

谷頭 赤瀬川さんの話を聞いて、とみさわさんのブックオフに対するスタンスがとてもわかりました。とりあえず写真を撮って、集めるという。それはすごく面白いですね。

とみさわ それと、赤瀬川さんがやっていた路上観察学会の基本ルールとして、その物件が何なのかは調査しないというのがありました。なんでこんなことになってしまったのかっていうのを調べれば答えはあると思うんだけど、そういうことじゃないんですよね。みんなで勝手に「あーでもない、こーでもない」と推測することが面白いのであって、答えを知りたいわけではないんです。だからブックオフに関しても勝手に想像はしているけれど、より深く知ろうとか関わろうとは思っていませんね。

谷頭　なるほど。逆に僕の本では、ブックオフについてより深く分析しようとしているので、とみさわさんとスタンスが違うかもしれません（笑）。

とみさわ　そういう分析も面白いですよね。変な形のブックオフがあったらその周辺の人に取材すればきっと、元は何か、ということを教えてくれて、その土地の記憶が明らかにされると思いますよ。

谷頭　ブックオフがより立体的に見えた、とても面白いお話でした。ありがとうございました。

（インタビュー実施日：二〇二二年七月十九日）

路上観察学会とブックオフ

さて、「日本一ブックオフをめぐった男」とみさわ昭仁さんへのインタビューをお届けしました。とみさわさんがブックオフをめぐる理由のなかには、すでに本書で語ってきたような視点が含まれていることがおわかりいただけたかと思います。従来の古書コーナーで扱われてこなかった「クズ本」を並べていることが、ブックオフの魅力の一つだととみさわさんは言います。これは、序章で私が提起した「なんとなく性」に起因するものでしょう。これまで本に与えられていた価値の尺度とは異なる尺度でただひたすらに本が並べられているからこそ、とみさわさんが述べるような「自分にとっての掘り出し物」を探す「宝探し」が可能になるのです。

また、興味深いのは、とみさわさんのルーツに赤瀬川原平、特に赤瀬川がおこなっていた路上観察学会があることです。赤瀬川は、路上に現れている無用の長物を「トマソン」と名付け、通常は価値があるものだとは全く見なされていなかった路上の景色に価値を見いだしました。その活動の延長線上に路上観察学会がありました。このグループにいた人々は、マンホールの蓋や女子高生の制服、不思議な建築物件などを集め、それを共有して楽しんでいました。いずれも、それまでは全く価値がないとされてきたものに価値を見いだし、「芸術」のように扱ったのです。

赤瀬川はもともと、現代芸術家としてさまざまな活動をおこなっていました。しかし、ある段階から彼は通常の芸術の枠組みでは満足できなくなり、誰も芸術だとは思っていなかった都市空間に注目することで、そこに、我々が想像もしなかったような芸術が眠っているのだとしてこのような活動を始めたのです。いうなれば、赤瀬川は都市に眠る芸術のポテンシャルを見いだしたということになるでしょう。それだけ、我々が住んでいる都市というのはさまざまな発想の源泉になる豊かなものだということです。

そして、そうした活動の延長線上に、とみさわさんのブックオフめぐりもあるというのです。なるほど、そう考えてみると、とみさわさんのブックオフの楽しみ方はいかにも赤瀬川のようです。これまでは価値が見いだされることがなかったクズ本に価値を見いだし、それが置いてあるブックオフをひたすら写真に撮り集める。そもそも、ブックオフ自体、第1章でも述べたように出版業界にとっては価値がないものだとされてきたわけで、そのブックオフに注目すること自体がきわめて路上観察的だともいえるでしょう。

路上観察が可能であるのは、その観察元である都市に、我々が気づかない豊かさがあるからです。だとすれば、路上観察的な行為を可能にしているブックオフの空間というのも、また、ある種の豊かさを持っているということになるでしょう。そして、その豊かさの一つは、とりもなおさずブックオフが持つ「なんとなく性」が作っています。さまざまな本が集積しているからこそ、そこに私たちは面白さを見いだすことができるのです。

そして、さまざまな人たちがブックオフをついめぐってしまうのは、やはりそれぞれのブックオフにそれぞれの面白さがあり、そこがある種の都市的な豊かさを持った空間として彼らに捉えられているからではないでしょうか。

ブックオフから都市が見える？

本章ではブックオフを「めぐる」人たちを通して、なぜ人々がブックオフをめぐってしまうのか、ということを考えてきました。その理由は、「なんとなく性」によってブックオフという空間にある種の面白さが生まれているからではないでしょうか。そのような面白さを求めて多くの人がブックオフをめぐっているのです。

ここで興味深いのは、そもそもブックオフをはじめとするチェーンストアの多くは、都市空間を均質にして、つまらないものにしていると批判の対象になってきたことです。第1章でも取り上げた小田光雄『〈郊外〉の誕生と死』や三浦展『ファスト風土化する日本』など一連の郊外論の基底をなすのはこうした認識です。彼らからすると、そのようなチェーンストアは都市の多様性を失わせ、現在の日本には「都市」と呼べるような多様性に満ちた空間がなくなってしまったというわけです。もちろん、そうした側面は少なからずあるでしょう。多様性に満ちていた地元の商店街をイオンモールや大型量販店が駆逐したことから背を向けることはできません。

しかし、それと同じぐらい、ブックオフが現在の「都市」の姿を映し出し、あるいは都市的な面白みがある空間を作っていることもまた事実なのではないか。私がブックオフをめぐった記録から見えてきたのは、ブックオフの書棚の多様性と、そこからその周辺に住む人々の姿を想像できること、そしてその書棚から周辺にある都市を想像できるのではないか、ということでした。また、とみさわさんがブックオフをめぐる背景には、彼が持っている路上観察学会的な興味があったわけですが、そうした路上観察がブックオフで可能であるのは、そこがそもそもある種の空間的な豊かさを持っているからでした。

以上のことを踏まえると、ある時期に語られた「都市はすでに面白くない」というような言説を見つめ直すきっかけをブックオフから得ることができるのではないでしょうか。チェーンストアが立ち並ぶ風景は、日本では一九七〇年代から一般化していきました。現在ではそうした風景はあまりにも普通のことになっていますが、そうした状況を所与のものとする都市の語り方、都市論はまだまだ貧弱だといえます。こうした状況を打破する一つの視点がブックオフから見えてくるのではないでしょうか。

「冗談・遊び」のほうへ

さて、ここまでで第2章の内容はひとまずの締めくくりになります。ここで路上観察学会に絡めて別の話題を導入することで、次なる第3章の予告としておきましょう。

路上観察学会の活動を一冊にまとめた『路上観察学入門』（赤瀬川原平／藤森照信／南伸坊編、「ちくま文庫」、筑摩書房、一九九三年）の「解説」でマンガ家のとり・みきは、この学会の活動を「壮大な冗談」だと述べています。また、堀野彩もこの活動について「彼らの活動は有用性を問わず、遊びや笑いを前提として」いたといいます（堀野彩「路上観察学会」「artscape」）。これはとみさわさんの活動でも同じでしょう。とみさわさんがブックオフめぐりを始めたのは、当初はマニタ書房の本を買い入れるためであり、そこには目的がありましたが、それが徐々にズレていって最終的には「リストを埋める」ことが目的になってしまったわけです。リストを埋めるためだけに北は北海道、南は沖縄のブックオフにまで行くのだから、もはやこれは一種の冗談ともいえるでしょう。

このように「ブックオフめぐり」というのは、一種の冗談性、遊び性ともいえるものをはらんでいます。事実、本章に掲載した二つのエッセーもまた、ブックオフをめぐる私自身を一種の冗談を交えて記述したものです。ブックオフでの意外な本との出会いを、一つの冗談・遊びとして捉えたのです。

いま、ブックオフめぐりを一つの冗談・遊びのようだと私は書きましたが、実際にブックオフめぐりをしている人たち以外にも、ブックオフで遊び、それぞれの方法で楽しんでいる人たちがいます。次章では、「「あそぶ」——ブックオフは原っぱだ!」と称して、ブックオフを舞台として「あそぶ」人たちについて見ていきましょう。

注

(1)「赤瀬川原平、藤森照信、南伸坊、林丈二、松田哲夫、杉浦日向子、荒俣宏らにより、筑摩書房『路上観察学入門』の出版を記念した記者発表会に合わせ一九八六年に結成された。赤瀬川原平らによるトマソン観測センターによる「超芸術トマソン」の探索、南のハリガミ考現学、藤森と堀勇良らの東京建築探偵団、林のマンホール採集など、似たような関心から同時代に都市(路上)のなかのさまざまな事象を採集していた複数の動向が合流することによって生まれた。「学会」を名乗っているが、実際に学会的な活動形態をとっていたわけではない」(沢山遼「路上観察学会」「ART WIKI」「美術手帖」)

BOOK・OFF
第3章

「あそぶ」
——ブックオフは原っぱだ！

かろうじて「哲学・倫理」とか「ヘルス」とか「映画」といったようなジャンルを示す札があるだけで、どこになにがあるかわからない。
まさに迷子を誘発するコーナーだ。

第3章では「「あそぶ」――ブックオフは原っぱだ！」と題して、ブックオフという空間で「あそぶ」可能性を考えていきます。まずはブックオフを使った遊びの実例の紹介や、それにまつわる人へのインタビューをお届けします。その後、そうした「遊び」を可能にするブックオフの空間について、建築家である青木淳の言説をひもときながら考えていきます。本章では、たわいもないブックオフでの「遊び」から現代の「空間」が見えてくるのではないか、ということを検証していきます。

ブックオフで遊ぶ人々

ブックオフで遊ぶ、といわれてもイメージがわかない人も多いでしょう。しかし、近年ではブックオフを舞台にしてあるルールのもとでその空間を楽しむ人々が増えています。そうした試みは、例えば第1章でご紹介したブックオフの公式ウェブサイト「ブックオフをたちよみ！」に多く記録されています。二〇二二年十一月二日に投稿されたライター・ヨッピーの記事「地味ハロウィンの予選大会を勝手にブックオフで開催してみた」では、ウェブサイト「デイリーポータルZ」が毎年主催する「地味ハロウィン」のための仮装の道具をブックオフスーパーバザールで買うという遊びが展開されています。「地味ハロウィン」は、通常のハロウィンとは異なり、有名なキャラクターやお化けではなく、街中で見かけるような一般人や、決して本家のハロウィンが仮装しないような地味な人物や物に仮装するイベントです。この記事では、登場するライター三人がこの「地味ハロウィン」の予選大会と称して、ブックオフでさまざまなアイテムを購入してその仮装を競います。このようにあるルールを決めて、ブックオフを利用した遊びが紹介されています。「ブックオフをたちよみ！」のなかにはこれ以外にも、あるテーマやルールに基づいてブックオフをあそんだ記事が掲載されています。

また、「地味ハロウィン」を主催している「デイリーポータルZ」でも、ブックオフでの遊びに関する記事が掲載されています。それが、私が執筆した「ブックオフで一番高い本を探す」です。遊びのルールは単純。ずばり、「ブックオフで最も高い値段の本を探す」ということ。すでにここまでの章で何度も触れているように、ブックオフの本は非常に安い値段で買うことができます。しかし、そこに高い本はあるのでしょうか。私は、ブックオフでいちばん高い本を探しながらさまざまなブックオフをめぐっていきました。その結果はぜひネットの記事で読んでいただければと思います。

あらためてこの記事を読み直すと、私もずいぶんとたくさん歩き回ったものだと思わずにはいられませんが、そこまでしても飽きなかったことを記憶しています。どうして飽きなかったのか。それは行く店ごとに偶然的な本との出会いがあったからです。ルールなしで好きなようにブックオフの店内を回ると、自分の好みの本ばかりを見てしまいがちです。しかしそこにあえて「一番高い本を探す」という制限を設けることで、自分がいままで知らなかった本との出会いを果たせるのではないでしょうか。ルールという制限があるからこそ、自分の知らない世界に、たまたま出会うことができるのです。

このように、ブックオフを使う遊びの多くが、ルールを設けることによって店のなかで予期しない出会いを果たせるものなのではないかと私は考えています。次に、ブックオフでの遊びの具体的な例を見ながら、このような予期しない出会いの様相を見ていきましょう。

三千円ブックオフという遊び

さて、このときに紹介したいのが、「三千円ブックオフ」という遊びです。これは、Vチューバーとして知られる♨（以下、温マと表記）さんが考案した遊びで、ブックオフでちょうど三千円分買って、それを「Twitter」などで共有するというもの。これがちょっとしたムーブメントを起こしています。すでに本書でも何度か取り上げているブックオフのオウンドメディア「ブックオフをたちよみ！」でもこの「三千円ブックオフ」に関する企画が何度もおこなわれています。三千円ブックオフの何がそこまで人気を呼び、人を魅き付けているのでしょうか。

三千円ブックオフで遊んでみる

そこで、三千円ブックオフの面白さを知るために、まずは実際に三千円ブックオフで遊んでみましょう。今回は、私も寄稿しているウェブサイト「デイリーポータルＺ」のライターさんたち、そして創始者の温マさんに集まってもらい、三千円ブックオフをやってみました。

谷頭　日本全国にいる「デイリーポータルＺ」のライターさんに集まってもらい、全国のブックオフで三千円ブックオフをやってきてもらいました。

ブックオフは、その地域で買い取られたものをそのまま売るので、本のラインナップにも地域差が出て面白いかな、と思ってこのメンバーを選んでみました。

ジーン　北海道恵庭市在住のライター。現在は同サイトのライターを卒業している。当時は北海道ネタなどの記事を執筆していた。
林雄司　東京都世田谷区在住。「デイリーポータルＺ」のウェブマスターとして、日夜さまざまな企画をおこなっている。編著書に『死ぬかと思った』（林雄司編著、アスペク

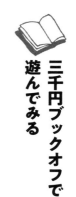

ト、二〇〇〇年）など。
谷頭和希　東京都北区在住。本書の著者。
拙攻　大阪府在住。「デイリーポータルZ」のライターで、旅行系の記事を得意としている。特に中央アジアやイスラム系の国の記事を書かせたら天下一品。
山本千尋　長崎県佐世保市在住。佐世保を愛し、佐世保や長崎に関する記事が多い。最近、『佐世保の自由研究』（山本千尋、自費制作本、二〇二二年）という本を作った。
平坂寛　沖縄県在住。生物系の記事を得意としている。黒潮生物研究所客員研究員でもある。普段は食べないような魚や動物を食べたり捕獲したりする記事が人気。著書に『見たことのないものをつかまえたい！世界の変な生き物探訪記』（平坂寛、米村知倫イラスト、［みんなの研究］、偕成社、二〇二二年）など。

谷頭　それと、三千円ブックオフの創始者でもある温マさんにも来ていただいたので、みんなが買ったものをシェアしながら、先達の楽しみ方や裏話を聞きたいと思ってます。

温マ　やってきました。

林　平坂さんが何を選んだのか気になって。地域というより、個人の趣味が出そうだな、と。

平坂　個人の趣味はだいぶ出てるんですけど、謝らないといけないのは、僕、ちょうど私用で東京にいて、JR新宿駅西口のブックオフで買いました（笑）。

林　あ、そうなんですね（笑）。

谷頭　わかりました（笑）。

高田馬場のブックオフには古い本がたくさんある

林　さっそく、言い出しっぺの谷頭さんから紹介してもらってもいいですか？

谷頭　僕が行ったのは高田馬場北店で、テーマは「古い本」です。

林　そういうの決めるんだ。

谷頭　なんとなく自分のなかで軸を見つけたかったので。高田馬場北店、ブックオフらしくない、異様に古い本がたくさん置かれてまして、どこまで古い本が見つけられるかを試してみたかったんです。そうすると、あったんですね、とても古いのが。これです。『受胎調節法』という本

諸大家の絶讃集る
良心的な指導書！
全國各保健所で
續々大量採用中！
あなたの一家の
幸福のためにぜひ
一冊はお備えを！
特價　百三十圓
増補改訂版
受胎調節法
正しい産兒制限法
醫学博士
森山豐著
驚異的大好評
最高權威が正しい
産兒調節の實際を
誰にも解りやすく
親切に説き明した
吾國最上の獨習書
新時代の常識として
一家に一冊は必備！

写真9　森山豊『受胎調節法』

林　です。出版年は一九四八年。戦後すぐです。しかも二百二十円という。

谷頭　安い。そういうマジの古本にブックオフの印字がしてあるの、違和感があっていいですね。

林　この周りに古いのがめちゃくちゃあってどんどん買ってみました。

谷頭　それは何？

林　『小唄選集』と書いてあります。崩し字で小唄がひたすら書いてある。これも一冊百十円なんですよ。

温マ　すごい。

谷頭　どのルートでブックオフに入ってきたのかわからない。

林　戦前ですか？

谷頭　一九三四年の本ですね。戦前です。

写真10　『小唄選集』

三千円に合わせるのが難しい

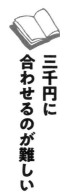

谷頭　これ以外にも、保育社の「カラーブックス」シリーズや昔の雑誌を買ったりしたんですが、だいたい百十円でした。

このあたりで気づいたのですが、そういえば、三千円にぴったり合わせないといけない。ここまでの総額が二千二百円。それで、八百円ぴったり買えるのか、という問題が出てきた。

林　百十円のものがあると、ぴったり三千円って難しくなかったですか？

谷頭　そうなんですよ。それで一時間半ぐらい迷いまして（笑）、窮地を救ってくれたのがCDコーナーでした。本とは違う価格帯でCDを売っていて、たまたま八百円のセットを見つけました。コンセプトは崩れましたけど。

林　三千円ブックオフの最後ってこうなっちゃうんですよね。

谷頭　最後は値段との戦いで、テーマとずれてしまった。何冊も本を変えたりして（笑）。

林　温マさん、やっぱり最後のほうはこういうふうに値段のせめぎ合いになるわけですね。

温マ　そうですね、だいたい最後のほうでコンセプトが崩れて、ハチャメチャなものが買われたりしますね。

谷頭　まさか三千円に合わせるために一時間半もブックオフにいることになるとは思わなかったです。

谷頭の選書

・「カラーブックス」シリーズ、九冊（各百十円で九百九十円）
・「言語生活」三冊（筑摩書房による古い言語学の雑誌、一九五〇年代。各百十円で三百三十円）
・『受胎調節法』（二百二十円）
・『小唄名曲集』（各百十円で六百六十円）
・『世界のオルゴール』（五百十円）
・『トゥバ・フォーク』（二百九十円）

三千円ぴったりに合わせるのか問題

温マ　あの、実は、僕、何度か三千円ブックオフをやってきて、たぶんぴったり三千円になったことがないんですよ……。すごい、言いづらかったんですけど……。

一同　（笑）

温マ　みなさんすごいシビアにやってるんだな、と思って。

林　僕も実は、二十円ぐらい残してもいいものか、迷いに迷ったんですよ。

温マ　悩みますよね。僕も今回やったけど、総額三千二十五円ですもん。そんなにがっつり合わせてる人そんなにいないですよ（笑）。

林　よかった。

温マ　三千円ぴったりって合わせられないですよ。無理無理、そんなの。

一同　（笑）

谷頭　みなさんもしかして三千円ぴったりで頑張ってこられましたかね……？

ジーン　ぴったりです。三時間ぐらい悩んで、合わせにいきました（笑）。

山本　私もぴったりですね。二時間ぐらい悩みました。

平坂　僕は二千九百七十円でした。どうしても合わなかった（笑）。

林　合わないですよね。正解です、それでいいんです（笑）。

谷頭　僕、三千円ブックオフって、三千円ぴったり買うことによって自分のポリシーと闘う企画なのかとずっと思ってました。

温マ　もうちょっとゆるいです。

写真11　3000円ぴったりで合わせた苦闘の跡

東京でもちょっと違う

林　僕も東京で買ってきたので紹介していいですか？

谷頭　お願いします！

林　二子玉川と成城学園の間あたりのブックオフで買ったんですけど、わりと世田谷っぽいラインナップがあると思いました。一冊目が『寺子屋式 古文書手習い』です。行ったところは、わりと古い歴史書をいっぱい売っていて、これは古文書の読み方が書いてあります。面白いなと思って買いました。

谷頭　マダムがトライしてやめちゃったんですかね。そういえば、僕が買ってきた小唄の本をこれで……。

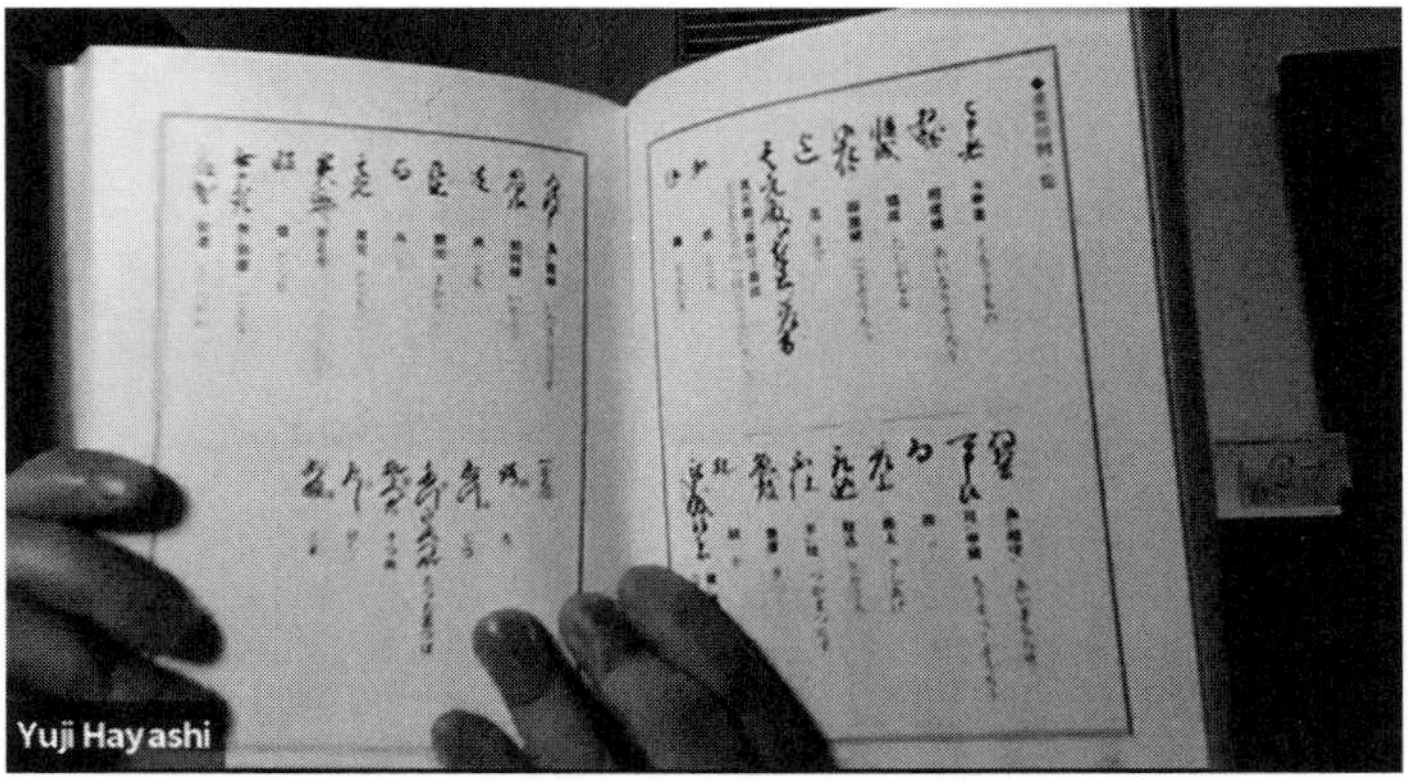

写真12　吉田豊『寺子屋式 古文書手習い』柏書房、1998年

林　確かに。それと、「デイリーポータルZ」っぽいなというやつで『まちモジ――日本の看板文字はなぜ丸ゴシックが多いのか？』というのも買いました。町の文字の秘密に迫る本です。

谷頭　すでに扱ってそう。

林　こういうのがあると、ほかのブックオフとちょっと違う感じがしますね。それと、ウーバーイーツの配達員潜入体験記も買いました。結構ウーバーの暴露がされていて。

谷頭　でも、世田谷の人はウーバー使うほうですよね。

林　そうですよね。どういう気持ちなのかわからない。

林さんの選書

- 『アマゾンの倉庫で絶望し、ウーバーの車で発狂した』（七百円）
- 『素敵なあなたになれる空港グランドスタッフの世界――グランドスタッフの神様が語りつくす！：仕事の魅力と合格への近道』（三百円）
- 『寺子屋式 古文書手習い』（七百円）
- 『まちモジ――日本の看板文字はなぜ丸ゴシックが多いのか？』（五百円）
- 『ローカルラジオスター』（五百円）
- 『ワラトレ――笑いのトレーニング：オモシロイ会話が続く』（三百円）

林　いまさらですけど、ブックオフって面白いですね。最近「Amazon」でしか古本買ってなかったんですけど。意識高いビジネス本もたくさん売ってるから、すごくいいですよね。

谷頭　自己啓発本の掘り出し物とかたくさんありますし。

林　『お金持ち入門』（土井英司編、実業之日本社、二〇一五年）という本があって。ぜひ入門したい。

写真13　塚本勝巳『大洋に一粒の卵を求めて――東大研究船、ウナギ一億年の謎に挑む』（新潮文庫）、新潮社、2015年

平坂さんのオススメ生物本

林　じゃあ、次は平坂さん、本を紹介してください。新宿駅西口店で買われたんですよね。

平坂　了解です。生き物関係の本が多いです。一つが『大洋に一粒の卵を求めて』という、ウナギの話です。ウナギ本のなかではかなり人気がある本ですね。

林　ウナギ本ってジャンルがあるんだ（笑）。

平坂　はい（笑）。ウナギの産卵場所を初めて発見したときの話です。

林　「ついに見つけた！」っていう帯はそういうことですか。

平坂　そうなんです。裏の帯は「うぁぁ、きた、きた、きたあ〜！　これは間違いなく来たよォ〜」ってただの興奮が書いてある（笑）。

林　テンションが高い（笑）。

谷頭　もう、情報量がない（笑）。逆に気になりますね。

面白い本の紹介にもなる

平坂　あとは、『ヘンな動物といっしょ』です。変わった生き物を飼う本で、イラストも多くてとても読みやすいんですが、著者の富田京一

写真14　富田京一、コハラアキコイラスト『ヘンな動物といっしょ』（ビッグ・コロタン、ワンダーサイエンス）、小学館、2019年

谷頭　さんという人が相当面白い。ノミとかフジツボの飼い方まで載せてあるんですよ（笑）。

平坂　ノミ……！

　ノミって血を吸うじゃないですか。どう飼うのかなっていうのが素人《しろうと》考えだと、自分の血を吸わせるぐらいしか思いつかない。

谷頭　確かに。でも、研究者ならではのすごい飼い方があると？

平坂　やっぱり自分の血を吸わせて飼ってた（笑）。

一同　（笑）

平坂　しかもこの人たくさん飼ってるんですよ（笑）。

谷頭　大丈夫なんですかね。

平坂　「東でこられると注射のように痛い」って書いてあって。

林　へー！

谷頭　大丈夫なのか。

平坂　そういうような話がいっぱいあります。

平坂さんの選書

・『実況・料理生物学』（四百七十円）

・『大洋に一粒の卵を求めて――東大研究船、ウナギ一億年の謎に挑む』（四百七十円）

・『ヘンな動物といっしょ』（五百八十円）
・『プラントハンター』（七百円）
・『幻の動物たち』上（二百七十円）
・『マタニティーヨガ』（三百七十円）
・『20代の後悔しない働き方』（百十円）

谷頭　これ、単純におすすめ本の紹介としてもいいですね。
林　『大洋に一粒の卵を求めて』、さっそく買いました。
谷頭　早い。値段合わせのために生物系以外の本を買われているのも面白いですね。

関西ローカル誌「Meets Regional」で引っ越し先を調べる

谷頭　東京勢が終わったので、それ以外の地域の方々の本を紹介してもらいましょうか。
林　じゃあ、拙攻さんにお願いしてもいいですか？
拙攻　はい。大阪に住んでいるので、今回は難波近くのブックオフで買いました。四冊しか買ってないんですけど、まずは大阪っぽいもので、「Meets Regional」という雑誌です。

これは、関西周辺エリアのグルメ情報をまとめた雑誌です。

林　知ってます！　やっぱり関西人はこれ、好きなんですか？

拙攻　大好きですね。これが置いてない美容室はないですね。五冊ぐらいあります。

谷頭　そんなに。初めて知りました。

林　写真のなかで、みんな笑ってるんですよね。

拙攻　そう、みんなテンションが高い。だいたいそういうノリです（笑）。これが二百七十円で、これは新福島エリアを紹介しているものですが、あともう一冊「Meets Regional」を買いました。

　これは、地域のグルメ情報が多いんですが、それ以外にも街の雰囲気を知りたいときにはおすすめです。なんとなく雑誌から街のイメージがわかります。最近引っ越しをしようと思っていまして、そのときの参考にもしようと思っています。

谷頭　そういうときにも役立つんですね。いい感じでローカル色がある本がやってきました。

写真15　関西ローカル誌「Meets Regional」

地球規模と大阪規模と

拙攻　「Meets Regional」は最初から買おうと思っていたのですが、それ以外に何を買おうかと思って。たまたま隣り合っている二冊を選んだら、ちょうど三千円になりました。

谷頭　そんな偶然が！　どんな本です？

拙攻　一冊目が、モンゴルの伝統的な生活を写真やイラストで紹介している『モンゴル草原の生活世界』です。写真やイラストがすごくきれいなんですが、そのなかに不思議なイラストが出てきて、それがすごく味がある。

谷頭　かわいいですね。

林　これは何の絵なんですか？

拙攻　去勢です。

谷頭　かわいくなかった。二冊目の『一万年の旅路』はネイティブ・アメリカンについて書かれたものだから、ちょうど地球規模の本と大阪規模の本が二冊ずつになったんですね。

拙攻さんの選書

・「Meets 新福島」（二百七十円）

・「Meets 北浜・淀屋橋」（二百七十円）
・『モンゴル草原の生活世界』（六百七十円）
・『一万年の旅路――ネイティヴ・アメリカンの口承史』（千七百九十円）

旅行先で「るるぶ」を売る人

林　じゃあ、山本さんにお願いしてもいいですか？　山本さんは佐世保のブックオフに行かれたんですよね。

山本　はい。自分が買わないようなものをたくさん買いたかったので、「るるぶ長崎」を何年分も買いました。

林　佐世保で売ってるんですね（笑）。

山本　そうなんです。「るるぶ長崎」を読む長崎人ってなんなのかと（笑）。

温マ　旅行に行ってそのまま売ってるとかですかね。

林　（笑）

写真16　「るるぶ長崎」JTBパブリッシング

温マ　荷物になるから（笑）。

山本　それともう一つ、違う年数のものでも、内容がほとんど同じなんですよ。紹介のレイアウトも全く同じで。なのにちょっとずつ売り値が違うのが謎なんですよね。

林　レイアウトも全く同じなんだ（笑）。

谷頭　表紙だけ変えてるんじゃないですかね（笑）。それは冗談としても、少しずつの違いなんでしょうね。十年分ぐらい比較すると違いがわかるかもしれないですね。

山本　もっと集めたかったんですけどね。全部「るるぶ」でもよかったんですけど、そんなにいろんな年度のものがなかったですね（笑）。全部買いあさりたかった（笑）。それである程度満足して、そこから三千円に気持ちがシフトしていって。三千円に合わせないといけないぞ、という感じで戦略的な気持ちになり、値段が変則的な絵本をたくさん書いていました。レジでぴったり合わさったときはバンザイしそうになりましたね。

山本さんの選書

- 「るるぶ長崎　2019年」（七百二十円）
- 「るるぶ長崎　2021年」（五百七十円）
- 「まっぷる長崎　2018年」（五百二十円）
- 『モチモチの木』（七百七十円）
- 『おふろにはいるときは』（二百十円）

・『プーさんとはちみつ』（二百十円）

北海道事情に詳しくなる

林　じゃあ、北海道に飛んでいいですか?、ジーンさん。

ジーン　僕は北海道の恵庭のブックオフで買いました。郊外のブックオフで、マンガとベストセラーが在庫の八割ぐらいのお店です。そのなかでも北海道感が強いものを探して選んでみました。まずはマンガから。

林　塊が！

温マ　セットできましたね。

ジーン　『チャンネルはそのまま！』というマンガで、主人公が恵庭市出身なんですよ。それを恵庭のブックオフで買うという地産地消。こ

写真17　佐々木倫子『チャンネルはそのまま!』第1巻—第6巻、小学館、2009—13年

れを六巻セットで買いました。半額セールで千円でした。

林　おお、すごい。

ジーン　それから、実用書コーナーも見始めて面白いものないかなと思いましたら、鈴木章さんという北海道大学教授でノーベル賞受賞者の本がありました。帯に「北海道の誇り」って書いてありますけど、宮浦・鈴木カップリングという反応を作った人で、北海道大学の理系学生だと、この実験を必ず授業でやります。

谷頭　ジーンさんもやったんですか？

ジーン　やったと思うんですけど、全然覚えてないんですよ。でも、鈴木カップリングがいろいろなものを変えたらしいです。勉強になりますよね。ノーベル賞を取ろうみたいな気持ちになる。

谷頭　ジーンさんの選書で、北海道事情に詳しくなってますね。北海道・すすきのが舞台の『探偵はバーにいる』も買ってますし。

誰かが仕事の本を売っている

ジーン　そこから三千円に合わせるために値段を調整しにいきまして、いくつか普通に読みたいマンガを二冊買ったんですが（『日常』『ハイスコアガール』）、もう一つ、二百十円ですごいものを見つけまして。それが、『新しい製パン基礎知識』です。

林 あーいいい。

ジーン パンニュース社というところから出しています。ちょっと見ると、「なぜ小麦粉から作るのか」という製パン原材料篇から載っている。

林 そこからですか。できるまでが遠い（笑）。

ジーン 「期待されるイースト像」とかもあって、詳しくパンが学べる。
　で、なぜこれがあるのか、という感じですが、実は恵庭にパンの工場が二つありまして、そこの人が売ったんじゃないかと思って本の後ろを見てみると、パン工場のハンコが押してあった（笑）。

谷頭 これ、だめなやつですね（笑）。

林 たぶん、会社のやつを売ってますね。

ジーン しかも工場の近くで売るっていう。

林 ちょっと離れてから売ればいいのに。

谷頭 真相はわかりませんが（笑）。

ジーン これは、定価千八百九十円のところを二百十円で買ったので、かなりお買い得でした。

・『チャンネルはそのまま！』第一巻―第六巻（千円）
・『北海道、私たちの旅』（五百二十円）
・『北海道道の駅ガイド2015−16』（三百七十円）
・『世界を変えた化学反応 鈴木章とノーベル賞』（五百七十円）
・『探偵はバーにいる』（百十円）
・『日常』第五巻（百十円）
・『ハイスコアガール』（百十円）
・『新しい製パン基礎知識 改訂版』（二百十円）

三千円ブックオフに人生をこめて

林　じゃあ温マさんいいでしょうか？　いままでいろいろコメントをいただいていましたけれども。

温マ　はい。まず、私事なんですけど、今週の初めから職場を異動したんですが、その環境が以前に比べて明らかに劣悪で。そういう精神状況が反映されています。

谷頭　（笑）

温マ　それで、『後悔しない転職7つの法則』です。

谷頭　早くも転職を考えている。

温マ　転職しちゃえば勝ちだし、しないにしても、これをかばんに忍ばせておいて、何かあるごとにそれとなく上司に見せておく。

林　抑止力。

温マ　俺はやるぞっていうのを見せてやるという。その次に買ったのが、『勝ち馬がわかる競馬の教科書』。競馬で買てば仕事は辞められる、というテンションで買いました。

林　職場のつらさが伝わってきます。これはいくらです

写真18　石山恒貴『後悔しない転職7つの法則――キャリア採用のプロたちが教える：成功する人と失敗する人はどこで分かれるか』ダイヤモンド社、2021年

写真19　鈴木和幸『勝ち馬がわかる競馬の教科書』池田書店、2010年

温マ これは七百七十円です。ブックオフオンラインで買うと五百円なので、ちょっと損しましたね。

林 でも競馬に勝っちゃえば関係ないですよね。

温マ そうですよ、こんなはした金。

温マさんの選書

・『武器としての「資本論」』(千二百三十円)
・『後悔しない転職7つの法則——キャリア採用のプロたちが教える：成功する人と失敗する人はどこで分かれるか』(二百十円)
・『勝ち馬がわかる競馬の教科書』(七百七十円)
・『BR→BR2バトル・ロワイアルパーフェクトガイド』(五百二十円)
・『Refine——身近にできる音楽療法』(二百九十円)
・レジ袋五円

→人生があらわれている温マさんの選書。『バトル・ロワイアル』は、職場で何らかの諍いが起こったときのためだという。最後に買ったのは音楽療法のCD。最終的に自分自身を癒やす方向に向かった。レジ袋も加えて三千二十五円でゴール。

ストーリーがある三千円ブックオフ

谷頭　やっぱり買うときはストーリーみたいなのがいつもあるんですか？

温マ　ストーリーを決めて買うときもありますし、だいたい二冊ぐらい選ぶとストーリーが見えてくるときがありますね。

林　全体の流れというか、世界観ができてましたね。

谷頭　人となりと生活の状況がよくわかりました、さすが創始者って感じです。

温マ　わかっていただけたかと思います。

三千円ブックオフの楽しさ

林　三千円分も本を買っていい、というのがすごく興奮しますよね。

谷頭　そうですね、なんだか「自由を与えられた」みたいな。

温マ　本当は制約なんだけど（笑）。

林　そう（笑）。

温マ　あんまりブックオフで三千円も買わないですもんね。

谷頭　初めてですね、三千円も使うの。

温マ　始めたときの自分の気が大きかったから三千円になっちゃったんですけど。

林　（笑）

温マ　最初の値段設定をちょっと間違えたかなって、うすうす思ってはいるんですけど（笑）、いまさら変えようがないので。

林　でも、千円よりは三千円のほうが確かに興奮しますよね。急に、「お、三千円か」っていう気持ちになりますね。

谷頭　面白かった。

温マ　楽しんでいただけたらよかったです。

創始者に聞いてみる

これ以外にも、ネットでは三千円ブックオフを行った記事がいくつもありますので、興味を持った方はぜひそちらも見てください。また、「Twitter」などのSNSで「#3000円ブックオフ」と検索すれば、さまざまな人の三千円ブックオフを見ることもできます。
　このように大きな広がりを見せている三千円ブックオフですが、それはどのようにして始まったのでしょうか。そしてどのような展開を見せ、これからどうなっていくのか。ここからは、先ほども登場していただいた温マさんに再度登場してもらい、三千円ブックオフについて聞いてみましょう。

三千円ブックオフのルール

――温マさん、引き続きどうぞよろしくお願いします。

温マ　よろしくお願いします。

――いきなり余談めいたことからお聞きするんですが、三千円ブックオフでは本以外の商品も買っていいんですね？　この間、温マさんが三千円ブックオフのなかで加湿器を買われているのを見て、驚きました。

写真20　インタビュー中の温マさん

温マ　そうですね。三千円ブックオフには「本だけ買う」という縛りがないので。ブックオフに売っているもので三千円になるように、というルールしかないんです。

――最近は服などを扱う店舗も増えてますしね。三千円ブックオフの厳密なルールはあるんでしょうか。

温マ　僕はルールについてはあんまり言っていませんね。「ブックオフで三千円になるように買い物して、できたら「#3000円ブックオフ」で見せましょう」というざっくりしたルールだけ伝えています。あとは、三千円ブックオフをやる人がそれぞれ細かくルールを設定していますね。

――なるほど。では、温マさんが始められてから自然発生的にみんながやるようになったのですかね？

温マ　そうです。

三千円ブックオフのバイブス

温マ　最初に三千円ブックオフをやったときのツイートが広がったんですよね。あとは、みんなどんどん勝手にやっている。

――そのツイートはいつぐらいですか？

温マ 二〇二〇年六月十六日ですね。

――意外と新しいんですね！　勝手に、もう十年ぐらい前からやっているものだと思っていました。そもそも、そのときに三千円ブックオフを始めた理由は何だったんですか？

温マ 暇だったからですね。休みでやることがなくて。やることがないときって、外に行くならブックオフしかないじゃないですか。でも、ただブックオフで買い物するのもなあ、と思ったんです。同時に、昔TSUTAYAで五枚千円のCDを借りていた時代のことを思い出して。値段を設定して、そのなかで物を選んで買うことをやってないぞ、と思ったんです。

それで、思いついたときに気が大きかったから、値段設定が三千円になってしまった（笑）。しかも、一度やってみたら反響が大きかったので、当初は月に一度開催することにしたんですよ（笑）。

――すごい（笑）。

温マ 案の定、月一では開催されなかったんですけどね。月に三千円もブックオフに使っていられない。

――（笑）。いまはどれぐらいの間隔でやっているんですか？

温マ ふらっと、気の向くままにやるのがいいかな、という感じですかね。たまに、仕事帰りという謎のタイミングで三千円ブックオフのモチベーションがわくときがあって（笑）、そういうときに行くのがいいかと思います。仕事帰りに聴いている音楽でノリノリになって、そのままブックオフに行ってやろう、みたいな。今日は行っちまうぞって感じで。

――（笑）。そういう感じで飛び込んでいくわけですね。ある種のテンションがないと、やろうという気にならないのかもしれないですね。バイブスがないと。

温マ ――そうそう、「三千円ブックオフバイブス」ですよ。己の三千円ブックオフバイブスに従うまでですね。

――かっこいい。温マさん自体には、三千円ブックオフをどうこうする権限はないわけですね。

温マ 持ってないです、そんな権限（笑）。

――どこかからやってくる「三千円ブックオフバイブス」に従っている、と。三千円ブックオフに面白さを感じているからこそ、そのバイブスを受信し続けているんだと思いますが、その面白さはどこにあるんでしょうか。

温マ いちばん近いと感じるのは、「遊戯王」や「デュエル・マスターズ」のデッキを組むときです。限られた条件のなかで最適なカードを選ぶという。そこに自分らしさが出る。そこで現れる「自分らしさ」のいとおしさですよね。やっぱり自分のデッキって自慢したくなりますよね。それで、ほかの人のデッキも見て、へえ、そういうふうに選ぶんだっていうことを知る。選び方も人それぞれで、味があって面白い。だから、三百円でおやつを買うときのセンス・バトルをブックオフでやっているような感覚ですね。

——なるほど。限られたなかでどうデッキを工夫していくか。そこでの工夫のなかに人となりが現れて、それこそが三千円ブックオフの面白さにつながっていくと。三千円という縛りがあると買いたいものが買えないということもありそうですね。

温マ　そうですね。本当はもう一冊ほしい本があるけど、三千円を大幅に超えてしまうので諦めることもあります。前は、残ったお金で買えるものが「ウンチカシツキ」という加湿器だったこともあります……。

——「ウンチカシツキ」との出会いも、ある意味で運命ですね（笑）。

温マ　そうですね。三千円ブックオフがもたらした出会い。三千円という値段設定がなかったら買わなかったですね。

——その「出会い」にこそ三千円ブックオフの面白さがあるのかもしれません。

買えないつらさ

温マ　ただ、つらいこともあります。

——なんですか？

温マ　三千円買わないといけないことです（笑）。

——根本的！　どういうことですか？

温マ　二時間から三時間たっても決まらないときがあって。延々とブックオフにいないといけないんですよ。店内放送で寺田心くんの声を何回聞くんだっていう。

――ブックオフのコマーシャルに出演している寺田心くんの声が店内放送でも流れてるんですよね。

温マ　それを二回も三回も聞かされて、だんだん気が変になってくる。

――（笑）。確かにブックオフで物を選ぶとき、決め手に欠けることってありますよね。

温マ　ビシッと締まらないみたいな。

――ブックオフの商品棚って頻繁に変わるわけではないけど、なんだかすごく平板に見えるときがある。

温マ　そうなんですよね。

――やっぱりこの感覚、あるんですね、うれしい。

温マ　そのときは、自分の調子がおかしいんですよね。さっきも話題にのぼりましたが、三千円ブックオフバイブスがおかしい日がある。そういう日は苦しむことになりますね。

――そんなバイブスに温マさん以外の人も導かれて三千円ブックオフが広がっているということですが、いままでの投稿で印象に残っているものはありますか？

温マ　二千六百円ぐらいで岡崎乾二郎さんの「モダニズムのハード・コア――現代美術批評の地平」（浅田彰／岡崎乾二郎／松浦寿夫編、「批評空間」一九九五年三月臨時増刊号、太田出版）という、ほとんど市場に出回っていない本を入手していた投稿があって。「三千円ブックオフミラクル」と呼んでいるのですが、単純にうらやましくて覚えています。

――希少本をブックオフで買えたときの喜びはすごいですよね。

温マ それと、読書系の学生サークルで三千円ブックオフをやる、という投稿もありました。買った本は見られないんですけど、めちゃくちゃ結果が知りたくなります。

――三千円ブックオフが広がってきているんですね。

温マ この間、三千円ブックオフで買ったＣＤでＤＪイベントをやるというイベントもありました。

――ええ、そんなイベントが！　じゃあ、三千円ブックオフで買った本でファッションショーみたいなこともできるわけですね。

温マ できます、できます。実は結構、応用が利くフォーマットですよね。

三千円ブックオフで二次創作!?

温マ それ以外で面白いのは三千円ブックオフの二次創作ですね。「三千円ブックオフ怪談」や「三千円ブックオフ青春小説」などがあります。

――そんなものが！

温マ 最初見たときはびっくりしましたね。「三千円ブックオフ青春小説」は、学生が三千円ブックオフを用いた企画をして、そこに青春が生まれていくっていう内容です。すばらしい小説です。

——先ほどの話にも出てきましたが、三千円ブックオフはいままで出会ったことがないモノと出会う可能性があるから、それが青春小説を生み出しうるのかもしれないですね。

温マ ぜひ読んでみてください。

——この広がり方は尋常じゃないですね。そうやって広がることに対して、温マさんはどう思われているんですか?

温マ 広がることに対しては特に何も思っていないけど、自分以外のほかの人にもバイブスがはたらいているな、というのは感じますね。

——みんな、ブックオフが出すバイブスを受信しているのかも。やっぱりすべてを動かしているのはバイブスなのかもしれません。

温マ だから自分がどうのこうのというのは関係ないですね。

——三千円ブックオフが面白いと思ったのは、ブックオフを使って遊ぼう、っていう姿勢なんですよね。ブックオフは、とにかくいろいろな商品が価値に関係なく置かれていて、それをどう使うか/どう遊ぶかというのは、我々に任されている感覚があります。だから、その遊び方の一つとして商品との思いがけない出会いを誘発する三千円ブックオフはすごくいいなあと思っています。傍観者として思っているだけなんですが……。

温マ　いやいや、谷頭さんも参加者ですよ！

――確かに、三千円ブックオフってみんな参加者みたいなところがありますよね。僕にもバイブスが……。

温マ　僕も一参加者でしかない。いまでは、僕のことを知らなくても三千円ブックオフだけ知っている人もいて、みんな当たり前のように「三千円ブックオフ」という言葉を使っていますし。

――じゃあ、創始者という言い方は少し違うのかもしれません。

温マ　そうですね、最初に始めた人でしかないので。ブックオフのバイブスに形を与えたっていう感じですよね。

――ある意味では、三千円ブックオフ自体が、ブックオフが持っていたバイブスから必然性を持って生まれてきたのかもしれないですよね。もともと、ブックオフにあったバイブスをうまくキャッチしてそれを形にしたというか。

温マ　必然的に、潜在的にあった遊び方に形を与えたっていう感じですね。僕がしたのはそれだけですからね。だから、みんな自由に三千円ブックオフを使って遊んでもらえればいいんじゃないかと思っています。

三千円ブックオフの面白さを作るもの

温マさんが始めた三千円ブックオフの魅力の一端をおわかりいただけたのではないかと思います。すでに本書で述べているように、ブックオフの店内は「なんとなく性」にあふれた空間で、さまざまな商品が同じように並んでいます。そんな空間を舞台に、三千円という制限のなかでいかに自分が思うように商品を買うのか。もちろん三千円という制約があるため、自分がほしいものがぴったりと買えるわけではありません。あと数百円だけ残ってしまう、ということもありうるわけです。そういうときに、これまで自分が思いもしなかった商品と出会う可能性があるのです。これは、ブックオフの空間ならではの出会いであり、その点で三千円ブックオフとは、ブックオフの面白さを最大限に生かした遊びだといえるでしょう。みなさんも三千円ブックオフを通して、思いもよらない商品との出会いを果たしてみてはいかがでしょうか。

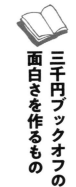

「原っぱ」としてのブックオフ

ここまで、ブックオフを舞台にした遊びについて見てきました。これらの遊びに共通するのは、どちらも「偶然性」がその遊びに面白さを生み出しているということです。いちばん高い本を探すというルールがあるなかでブックオフの本を探していると、いままで自分が全く知らなかった本にたまたま出会うことができますし、三千円という限られた値段のなかでブックオフの商品を探すと、これまた自分が予想もしていなかった商品との出会いが起こります。そこで生じる「偶然性」がこれらの遊びに面白さを生んでいるのです。

ここで、このような「遊び」を生む場所としてのブックオフの特徴を考えてみましょう。私が参考にしたいのは、建築家の青木淳が提唱した「原っぱ」という概念です。青木は『原っぱと遊園地』という書籍のなかで、空間を「遊園地」と「原っぱ」という二種類に分けました。その「原っぱ」という空間概念こそ、ブックオフの空間を説明するのにふさわしいのではないかと思っている

写真21　青木淳『原っぱと遊園地——建築にとってその場の質とは何か』王国社、2004年

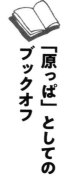

のです。青木の言葉を引いてみましょう。

原っぱが、子供たちにとって、日常的な遊び場だったことは、とても意義深いことだ。子供たちは、本能的に、原っぱを好んだ。それは、野球をしに行く場所ではなかった。ドッヂボールをしに行く場所でもなかった。なにかの目的をもって行く場所ではなく、ともかくそこへ行って、それからなにをして遊ぶかを決められる特別な場所だった。原っぱそのままで楽しいのではない。そこでは、毎日のように新しい遊び方が開発されていた。風邪をひいて、二、三日行けなかったりすると、もうみんなが遊んでいるルールがわからなくなってしまった。

子供たちは、いくらでも、原っぱを使った新しい遊び方をそこから引き出すことができた。原っぱの楽しみは、その場所での遊び方を発明する楽しみであり、そこで今日何が起きることになるのかが、あらかじめわからないことの楽しみだった。

（青木淳『原っぱと遊園地——建築にとってその場の質とは何か』王国社、二〇〇四年、一二ページ）

青木は、原っぱの特徴として、その場所が一つの目的だけで完結する場所ではなく、そこを利用するさまざまな人がそれぞれに遊び方を考えつく場所だと説明しています。そして、そうした特徴によって、原っぱという空間は、「そこで今日何が起きることになるのかが、あらかじめわからない」偶然性に満ちた場所になるのです。

このように原っぱの特徴を見てみると、それがブックオフの特徴と類似していることに気がつかないでしょうか。ブックオフというフィールドを使って、私たちはさまざまな遊びを生み出し、それで楽しむことができます。本章で中心的にお話ししてきた三千円ブックオフも、そのように「原っぱ」たるブックオフで生み出された遊びの一つですし、その遊びの面白さを作っていたのは、どんな商品に出会えるのかがわからない「偶然性」ということでした。

「原っぱ」が生まれる条件

青木は建築家として福島県にある潟博物館や表参道にあるルイ・ヴィトン表参道ビルなどを手がけてきました。引用した著書『原っぱと遊園地』には、こうした建物を作る際に彼が何を考えていたのかが克明に記されています。彼は自身の建築を作る際にも、この「原っぱ」という概念を重要視しています。その空間の目的が一つに定められることなく、どのようにさまざまな人に開かれたものにするのか。建築家として彼はこのようなテーゼに向き合ってきたのです。興味深いのは、彼がこのような「原っぱ」を作る際に重要だと考えていることです。彼は、それについて、一つの空間の構成原理を徹底的にオーバードライブ（暴走）させることで、その空間がさまざまな人に開かれた多様なものになると述べています。それはどういうことでしょうか。青木はこうした建築の例として、ビルバオ・グッゲンハイム美術館を例に挙げています。この美術館が設計されるときに適用されたルールは「ライムストーンの台座にチタンの立体的な鱗を増殖させる」こと（同書七六ページ）だと青木は述べています。そのような幾何学的なルールにだけ基づいて作られた空間が、かえって「原っぱ」的な押し付けがましくない自由な空間を作っていると青木はいうのです。青木は次のように述べています。

こんなにカタチをいじっているのに、そこにつくり手からの押しつけがましさ、つくり手の意図が感じられない。なるべくしてなった空間、という感じ。つくり手の観念や意図が消えている。そうでなければ、訪れる人が自由を感じることはない。ただ暑苦しさを感じるだけだ。でも、どうしてそんなことが可能になったのだろう。ぼくは、それはこの美術館が、ライムストーンの台座にチタンの立体的な鱗を増殖させるとどうなるか、というたったひとつの決定ルールに基づいて、それを純粋に徹底的に展開していった結果生まれたからだと思う。（略）美術館側がこんな空間もあんな空間も欲しいといってきても、立体的な鱗の増殖というルールがあるからこそ、そのルールの中で対応できるのであり、だから、ゲーリィ〔この建物を設計したフランク・ゲーリィのこと：引用者注〕はここで、美術館というナカミをとてもうまく扱える、ある適切な決定ルールを前もって発見していた、というべきなのである。

（同書七六―七八ページ）

ここで興味深いのは、一種の非人間的な設計ルールが徹底され、オーバードライブすることによって、その空間に関する作り手の押し付けがましさや意図が消え、そこを訪れる人々が自由を感じるというロジックです。人間を全く考慮しない設計ルールが徹底されているからこそ、逆にその空間を訪れる人々が自由を感じ、「原っぱ」的な空間が生まれるわけです。

ここで私が指摘したいのは、ブックオフにもこうした「非人間的な設計ルール」が存在することです。それは何か。それは、すでに序章や第1章でも述べたようなブックオフの買い取りシステムです。ブックオフではその古本の価値ではなく、それが新しいかどうか、きれいかどうか、という観点でだけ買い取りがおこなわれています。また、それに付随して買い取りに出された商品はその日のうちに店頭に出されるという「出し切り」が存在することも見てきたとおりです。さらにいえば、このような買い取りシステムを、創業者である坂本孝が思いついたのは、さまざまなビジネスが生まれていた一九九〇年代に、その競争に勝ち抜くための、いわば資本主義というシステムの要請があったからでした。この資本主義というシステムもまた、「神の見えざる手」というアダム・スミスの有名な言葉が指し示すように、ある意味では人間と関係なく動いていく自律的なシステムでしょう。そのようなシステムが徹底されることによって、逆にある種の自由がこの空間に生まれているのです。このように考えると、ブックオフという空間は、青木が述べるような「原っぱ」の生成ときわめて類似した特徴を持っているといえるのです。ブックオフが「遊び」の空間を形作っている裏には、このようなメカニズムがあるのではないでしょうか。

ブックオフの空間と「遊び」について考えることは、このようなきわめて現代的な空間論の問題までその射程が広がっていくのです。

「遊び」から「文化」へ

さて、ブックオフを「遊び」という文脈から考えてきました。その結果、なぜか私たちは現代の「空間」の問題へとたどり着いていました。ブックオフをさまざまな遊びが生起する「原っぱ」として見ること、その生成過程を考えることで、より深くブックオフという空間を捉えることができたように思います。

ここで次章へのつなぎとして、ブックオフでの「遊び」をまた別の角度から捉えてみましょう。フランスの哲学者ロジェ・カイヨワは『遊びと人間』（一九五八年）のなかで、遊びが「競争」「運」「偶然」「眩暈」という四つに分類できるとしています。ブックオフでの遊びは、この「偶然」という要素と深い関わりを持っていることがわかります。カイヨワのこの立論は、直接的には、オランダの歴史学者ヨハン・ホイジンガに立脚しています。ホイジンガは人類にとって遊びが果たす役割を重要視し、人類を「ホモ・サピエンス」ならぬ「ホモ・ルーデンス」（直訳すると「遊ぶ人」という意味です）と命名しました（『ホモ・ルーデンス』〔一九三八年〕）。私たちが一般的に考えるゲームのような遊びだけではなく、政治や宗教などにも遊びに通じる要素が見られるということがホイジンガの立論の新しさでした。カイヨワはホイジンガの論を高く評価しながら、そこに「偶然」「眩暈」の要素が抜け落ちていることを指摘して、遊びにおける「偶然」の重要性を主張しました。そう考えると、本章で紹介した二つの遊びもまた、「偶然性」が重要な役割を持っているという点でホイジンガやカイヨワが述べる意味での遊びであり、ブックオフで遊ぶ人たちは、人類の歴史のなかで遊んできた人々と同じような楽しみをブックオフから得ているといえるのではないでしょうか。

また、重要なのはブックオフという場所がこうした「偶然性」を生み出しやすい場所である、ということです。すでに述べているように、ブックオフは本に限らずCDやDVD、家電やブランド品まで、買い取りに出されたさまざまなものが「なんとなく」並べられています。そこでは一つのコンセプトで空間が統一されておらず、方向性が異なるさまざまなものが同じように並べられています。そんな空間のなかで「ルール」を設定して遊ぶと、否応なしに自分が知らなかったものと出会う可能性が高まるわけです。逆にいえば、ブックオフの空間とは「偶然性」が高い空間で、遊びを生みやすい空間だということです。

ホイジンガは『ホモ・ルーデンス』のなかで、人間の文化の基盤に遊びがあると述べていて、カイヨワもそれに同意しています。もし、ブックオフが遊びを生みやすい空間だとするならば、そこでは最終的になんらかの「文化」が生まれてくるはずです。ブックオフはかつて出版文化を破壊する存在として否定的に語られてきました。しかし、そのブックオフは本当は文化を生み出しやすい環境なのではないか。実際に、ブックオフを使って創作活動をおこなうアーティストや作家はすでに多く存在しています。「あそぶ」に引き続く次章では「「つくる」――ブックオフ文化人たちのこと」と称して、ブックオフに影響を受けて生まれたさまざまな文化を見ていくことにしましょう。

BOOK・OFF 第4章

「つくる」
——ブックオフ文化人たちのこと

レイチェル・ハーツ
あなたはなぜ
「カリカリベーコンのにおい」に魅かれるのか
気になる。

気になるじゃないか。知りたいぞ。
なぜ私たちはカリカリベーコンのにおいに魅かれてしまうのか。

ここまでは、ブックオフをめぐったり、ブックオフで遊んだりする人々を通して、ブックオフの空間が持つ「なんとなく性」から現代の都市や空間のあり方を考えうる可能性を見てきました。前章の最後で私は、ホイジンガの「遊び」の議論に触れながら「遊び」は最終的に「文化」へとつながっていくことを示し、ブックオフが文化を作っている側面もあるのではないか、という推論を立てました。本章では、ブックオフから生まれた「文化」をひもときながら、その空間がどのようにして文化を生み出したのか、そしてその特徴はどのようなものなのかを考えていきます。

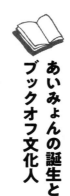

あいみょんの誕生とブックオフ文化人

二〇一八年に発表されたシングル「マリーゴールド」（作詞・作曲：あいみょん）でストリーミングチャート二十週連続一位という驚異的な記録を成し遂げたシンガーソングライターのあいみょん。その独創的な歌詞と曲調で人気を博し、現在でも多くの曲を手がけています。そんなあいみょんの曲のインスピレーションの一つにブックオフがあることをご存じでしょうか。

あいみょんが二〇一五年に発表した「いいことしましょ」（作詞・作曲：あいみょん）は、ブックオフ自由が丘駅前店で出会った官能小説にインスピレーションを得て作られた曲です。この曲はあいみょんのインディーズデビュー曲でもある「貴方解剖純愛歌——死ね」（作詞・作曲：あいみょん）のカップリング曲として制作されたもので、あいみょんの初期作品の一つです。

インタビューによれば、あいみょんは自由が丘のブックオフで神崎京介『滴』（〔講談社文庫〕、講談社、二〇〇一年）に出会い、それを購入して読んで、その繊細かつ婉曲的な表現に衝撃を受けました。そして、その曲作りの際に、官能小説の表現テクニックを用いたといいます（wezzy編集部「あいみょんの歌詞には官能小説を読んで学んだテクニックが使われている？」二〇一九年四月十四日「wezzy」）。この曲の「いいこと」とは、男女の性行為を示していると思われますが、それは歌詞のなかではっきりと述べられているわけではありません。「半分とじた目で　あの丘をこえたいの　一人じゃいけないわ　ほら　ここに来て　優しい愛で　この膨らみに触れて」などという歌詞に顕著なように、性行為を示していると思しき言葉が断片的にちりばめられているだけです。ちなみに、官能小説で「丘」とは、乳房や尻の比喩として頻繁に用いられます（永田守弘編『官能小説用語表現辞典』〔ちくま文庫〕、筑摩書房、二〇〇六年）。そうしたオブラートに包まれた婉曲表現こそが、官能小説からの影響の表れでしょう。あいみょんはインタビューで以下のように語っています。

写真22　あいみょん「貴方解剖純愛歌――死ね」（2015年）

――十七歳のときに官能小説を買ったというエピソードを、他のインタビュー記事で拝見しました。

あいみょん：そう、ブックオフで買って（笑）。官能小説は素晴らしいと思うんですよ。言葉遊びがすごく上手というか。直接は言わずに、遠回りに言う感じが、すごくいいなって。

――たしかに、「愛してるとは言わずに、それを描く」みたいな感じは、ポップスやフォークソングの歌詞の綴り方と通ずる部分があるかもしれないですね。

あいみょん：全部がやらしく聴こえちゃう魔法がかかるんですよね。〝満月の夜なら〟でいうと「アイスクリーム」って言葉とかも。

――想像を掻き立たせられますね（笑）。

（「あいみょんが語る、表舞台に立つ自分と、大家族の1人としての自分」二〇一八年四月二十五日「CINRA」）


官能小説が持っている遠回しな表現がその歌詞作りに生きている、とあいみょんは述べています。この曲の表現のインスピレーションになったのは官能小説であり、あいみょんと官能小説の出会いの場になったのは、ほかならぬブックオフでした。つまり、あいみょんは、ブックオフによって生まれた存在だともいえるのです。

あいみょんはいたるところでブックオフからの影響を公言しています。ブックオフに官能小説が置いていなければ、あいみょんの多くの歌詞は書かれていなかったかもしれません。別のインタビューのなかで、彼女は幼少のころから本を読むことが好きだったと述べています。父親の書棚にあった東野圭吾を読むことから始まり、近年では平山夢明などの幻想小説も愛読していると述べています（五十嵐大「あいみょん「本は作家さんの努力の結晶。だからこそ、大切にしたい宝物なんです」」二〇二〇年九月四日「ダ・ヴィンチWeb」）。そんなあいみょんですから、当然、ブックオフにも足を運んだのでしょう。そこで思わず出会ったのが官能小説だったのです。

このような影響関係を考えると、ブックオフという空間は、明らかに現代のある文化を形作っているといえるでしょう。このような名付け方が許されるならば、あいみょんはブックオフに影響を受けて文化的な活動をおこなう「ブックオフ文化人」ともいえる存在です。

「ブックオフ文化人」はあいみょんだけではありません。すでに本書でも何回も紹介しているブックオフの公式ウェブサイト「ブックオフをたちよみ！」では、ブックオフに影響を受けて創作活動をおこなうアーティストへのインタビューが数多く掲載されています。例えばそのなかの一人が、ベーシストでエッセイストでもあり、バンド「神聖かまってちゃん」のマネージャーも務めた劔樹人です。劔はそのエッセーのなかで、以下のように書いています。

今でも思い出す、喜連瓜破のブックオフ。
上京して渋谷で働き出した頃、よく通った渋谷のブックオフ。
結婚した当時頻繁に足を運んだ、中目黒のブックオフ。

> 思えばその時々の記憶に、それぞれブックオフがあるような気もする。
> ＣＤはサブスクリプションに、本は電子に、メディアのあり方は変わりつつある。
> それでもＣＤでしか、本でしか手に入らないものを探しに、私は今もブックオフで時間を潰している。
>
> （前掲「劒樹人の「ブックオフが一番好きだった」あの頃の話」）

ブックオフ文化人の源流

劒は自身の人生のなかでブックオフが果たしていた役割をこのように大きく語っています。その結果として、現在彼が発表している音楽作品やエッセーが生まれたことが書かれているのです。劒もまた、「ブックオフ文化人」の一人だといえるのではないでしょうか。

インタビューやエッセーなどではっきりと公言していない人も含めると、その創作にブックオフでの経験が生きているアーティストは増えているのではないでしょうか。ブックオフ自体の広報活動の広がりとともに、こうしたブックオフ文化人たちが堂々と、自身がブックオフ好きであり、なおかつブックオフに影響を受けて創作をしていることを述べうる時代になったのです。

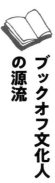

あいみょんや劔樹人がブックオフの影響を公言する少し前、二〇一四年にあるアーティストがインタビューのなかでブックオフからの影響を語っています。DJ・トラックメーカーとして知られるtofubeatsです。tofubeatsによるブックオフへの言及は、ブックオフ文化人のなかでも非常に早いものです。一四年に発表された「Wi-Fiがあれば音楽はどこでもできる」(「NIKKEI STYLE」)というインタビューのなかで彼は、ブックオフのCDコーナーでさまざまな曲を掘り出して(ディグ)探し出したことが、その音楽的素養を形作ったと述べています。

tofubeatsのバックグラウンドはしばしば「九〇年代」と「郊外」というキーワードで語られる。九〇年に生まれ、「神戸市の外れのニュータウン」で少年期を過ごした。日々通ったのは、どこの郊外にでもあるレンタルビデオ店や中古CD店。その一見、無個性でありふれた環境が、ユニークな音楽センスを磨いたという。

「僕の実家のあたりって本当に何もないところなんです。だから中学一年生から毎日、ロードサイドにあるレンタルビデオ店や中古CD店に行って、CDを手に入れて帰るという生活でした。高校生になったらバイトを始めたので買う量も増えた」

「『ゲオ』とか『ブックオフ』とかに行くと、一番たくさんあって安いCDって九〇年代のJ―POPなんです。学生の限りあるお金でなるべくたくさん音楽を聴こうと思うと、自然にJ―POPになった」

(「Wi-Fiがあれば音楽はどこでもできる」二〇一四年十一月二十四日「NIKKEI STYLE」)

また、ほかのインタビューでもこのように述べています。

過去の作品は、ネットで引っ掛かりを見つけて、あとは足で稼ぐことが多いです。中古で申し訳ないんですけど、当時は高校生だったのでiTunesでも購入ボタンが押せなくて、ブックオフで買いあさりました。品揃えも九〇年代のものが多くて、自然と手元に懐かしいものが増えてったって感じですね。今でもレコ屋はもちろんブックオフにも行く。

（「90年生まれのアーティストtofubeatsさん「URLが現実をエンパワーしてるのが今」」二〇一四年十月一日「GIZMODO」）

二〇一〇年代は、いまだブックオフに対する出版業界からの風当たりは強いものでした。このことは先にも述べたとおりですが、そのような時期のなかで、tofubeatsはブックオフからの影響を語り、実際に音楽を作っていました。いうなれば、ブックオフ文化人としての姿がそこにはあるわけです。tofubeatsはブックオフからの影響をかなり早い段階で公言した、ブックオフ文化人の源流ともいえる存在の一人でしょう。

彼は近年でも継続的にブックオフについての発言をおこなっています。例えばその一つが二〇二〇年のインタビュー「tofubeatsは「ブックオフがなかったらミュージシャンになっていなかった」」です。tofubeatsが自身の来歴を振り返りながら、そのなかでいかにブックオフに影響を受けてきたのかを語っています。


最近増えた楽しみ方は、「自分の作品を探す」ことです（笑）。「これは高いんだな」「これは二百五十円なんだな」と思って見ているんですが、自分の作品が棚にあること自体がうれしくて。変な話なんですけど、ブックオフに置いてある自分のCDをまだお金のない学生さんが安く買ってくれたらいいな、と思ったりするんです。

自分の音楽への興味はもともとブックオフの棚からはじまっているので、「この場所まで届けたい」という気持ちもあって。

そう考えると、自分がメジャーデビューした理由のひとつは、本当にブックオフに通っていたからなのかもしれないな、と。ブックオフで売られたいというよりも、「ブックオフにはこんなにたくさんCDがあるけれど、これは全部メジャーの作品で、メジャーから出さなければ、この頭数には入れない」と思ったんです。

（前掲「tofubeatsは「ブックオフがなかったらミュージシャンになっていなかった」」）


tofubeatsのブックオフに対するスタンスは二〇一〇年代を通して変化することなく、その場所が彼の音楽の源泉になっていると考えていることがわかるでしょう。こうした影響を早い段階から公言していたtofubeatsは特筆すべき存在だといえます。

地方に文化を供給したブックオフ

tofubeatsの話題からより深くブックオフと文化の関係性について考えてみましょう。

tofubeatsは一九九〇年、神戸のニュータウンに生まれました。彼の述懐によれば、当時彼が住んでいたニュータウンからは、神戸の中心地に行くよりも近所のブックオフに行くほうがアクセスがよかったといいます。なおかつブックオフではさまざまな商品が安く買えたため、ブックオフを利用することが多かったのです。そこでの経験が最終的に彼を音楽の制作側へと向かわせました。ブックオフへの批判として著作権の関係から、そのコンテンツの制作者に利益が入らないという話がよくなされます。しかし、中高生のようにお金を多く持たない人にとって、ブックオフのような存在は自身の文化的な欲求を満たすのに最適な場所だったのです。あるコンテンツへのアクセスのハードルが高いと、当然そうした文化を享受できる人は限られてきます。実際、かつてアーティストとしてデビューするには東京という文化の中心地に出て、そこでさまざまな文化やそれに関係する人に出会ってメジャーデビューをする方法が主流でした。しかし、ブックオフがもたらした、文化の地方への伝播によって、さまざまな地域に住んでいた若いアーティストの卵たちがより多様な文化に触れることが容易にできるようになったのです。

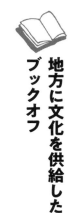

加えて、神戸の中心地よりも近所のブックオフのほうが近かったということも重要でしょう。昔から、文化は都市の中心地に集積することが普通でした。かつて、一九八〇年代は東京が文化の中心地であり、地方からさまざまな人が東京に文化を求めてやってきました。しかし、時代は移り変わり、文化の供給源は地方にまで広がっていきます。現在ではインターネットでどこでもすぐに情報が手に入るようになり、どのようなコンテンツでも容易にアクセスできるようになりました。しかし、まだ二〇〇〇年代はインターネットの黎明期。そうした文化を地方に広げる役割をブックオフが担ったのでした。

こうしたインターネット以前の文化の供給源としてのブックオフの姿は、ほかの人々によっても語られています。例えば、ヴィジュアル系バンドに造詣が深く、自身のシェアハウスでの生活をつづった『オタク女子が、4人で暮らしてみたら。』（幻冬舎、二〇二〇年）が話題を呼んだライターの藤谷千明はブックオフについて以下のように述べています。

> 「差」の話がインターネットでバズっている光景は、よく目にします。貧富の差やジェンダーの差、恋人がいるか、結婚しているか、子供がいるか、そうでないかの差。そして、地方と都会の差。ブックオフにしても東京の店舗と地元の店舗ではラインナップが全然違う。正直、東京に来て最初に驚いたことのひとつには「ブックオフの品揃えがめちゃめちゃいい」がありま す。でも、品揃えがあまり良くないブックオフが、私を育ててくれたんです。
>
> （前掲「文化に憧れる地方の少女は、今日もブックオフに行く」）

ある時期の地方にいた若者にとって、ブックオフは彼らにさまざまな文化をもたらし、成長させてくれる場所だったのでしょう。そしてそのような環境で育ってきた人々が成長して、ブックオフを通して知ったコンテンツに影響を受けて新しい作品を作る、という連鎖が起きているのです。

しかし、このように考えていくと、インターネットが普及した現在、ブックオフが果たしていた文化の供給源としての役割はもはやなくなってしまうのではないでしょうか。

tofubeatsはブックオフだけではなく、初期のころからインターネットやSNSも積極的に利用することでその音楽界での地位を確固たるものにしていきました。彼が住んでいた神戸のニュータウンには音楽好きのコミュニティがなく、彼はもっぱらインターネット上での出会いを通してそうしたコミュニティに参加していきました。二〇〇〇年代中盤はソーシャルコミュニケーションサイトだった「mixi」などいくつかのサイトはあったものの、現在私たちが普通に使用している「Twitter」や「Instagram」もまだその黎明期として一部のコアなユーザーが使っているだけにすぎない時代でした。そんな時代、神戸のニュータウンにいたtofubeatsにとって、インターネットとはブックオフと同じように自身の音楽の活動の幅を広げるものとして機能していました。

しかし現在、二〇〇〇年代に比べるとインターネット世界は加速度的に発展し、もはや私たちの生活はインターネットなしでは機能しなくなってきました。音楽のようなコンテンツとの出会いも、多くは「Sportify」のようなストリーミングサービスで探すことが主流になっています。そう考えると、ブックオフが果たしてきた役割は、こうしたインターネットが広がる時代ではもはや必要ないものにも思えてきます。実際、私たちはブックオフにある商品よりもはるかに多くの商品をどこにいてもインターネットで見つけることができます。さらに、当のブックオフ自体がコロナ禍の影響もあって「ブックオフオンライン」を通じてオンライン事業にも力を入れています。

しかし興味深いのは、このようにインターネットの発達が進んでもなお、ブックオフという物理空間に引かれ、その場所での経験をもとにして作品を作り続けている若いクリエイターがいるということです。

インターネット世代のブックオフ

このようなアーティストの一人が、tofubeatsの影響を受けて音楽活動をおこなっているＤＪのTelematic Visionsでしょう。彼もまた、ブックオフからの影響を公言する一人です。彼は二〇〇六年生まれで、二三年現在は高校生です。二〇年に音楽活動を開始し、二一年には初のフルアルバム『bluespring』を「bandcamp」でリリースして、各方面で話題を呼びました。アニメやゲーム、マンガといったいわゆる「オタクカルチャー」に興味を持ち、作風にはそうしたさまざまなオタクコンテンツが影響しています。

そんなTelematic Visionsは次のように語っています。

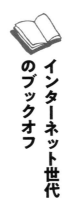

自分がオタクになる前から、とにかくBOOKOFFに通っていて。特に小学生の頃とかってお金もないので、百円漫画をチラ見したり、買わなくても背表紙やイラストの感じを覚えていったりして。『らき☆すた』のＤＶＤの二巻だけを買ったり、『田中くんはいつもけだるげ』を知ったり、みたいな……。なので、最新のものではなく、自然と少し前のものに触れて育ったのかもしれません。

（NordOst「Telematic Visionsインタビュー「コンテキスト」と「ビジュアルイメージ」との相互作用によって生まれる新たなサウンドスケープに迫る」二〇二二年二月十一日「SOUNDMAIN」）

このように彼はブックオフに通い詰めることでオタクカルチャーをたくさん摂取するようになり、それがその創作に生きているのです。しかし、彼が生きている環境で、そのようなカルチャーに出会う場所は、必ずしもブックオフでなくてもいいはずです。インターネットを用いるほうが格段に情報を得やすいでしょう。インターネットにコンテンツがあふれている現在、彼はどうしてブックオフの空間に魅了されているのでしょうか。

私は、彼にインタビューをしたことがあります。そこでの彼の発言がこの問題を考えるときに非常に大きな示唆をもたらしてくれるので、引用しましょう。

谷頭：（略）ブックオフでの経験ってどのように創作に影響してるんでしょうか。

テレマビ：例えば、ブックオフで出会った漫画を買って、読んで「うわー」ってフィーリング感を持った後に、そのまま曲を作ったりするんですよ。
谷頭：なるほど。ブックオフで偶然出会ったものから得たフィーリング感のまま、曲を作るっていうところがあるわけですね。
テレマビ：どこか別のところで言ったかもですが、冬目景の『羊のうた』という漫画を読んで、食らってしまって、『lament of the lamb』という曲を作ったことがあります。
谷頭：ラメント・オブ・ザ・ラム……まさに『羊のうた』ですね。「食らってしまった」とはどういうことでしょうか？
テレマビ：凄すぎるものを見た時に、「うわーっ！」ってなることってありますよね。例えば、フェノールフタレイン溶液ってあるじゃないですか。アルカリにだけ反応するのは教科書で知ってたけど、実際に目にした時、僕はその変化の仕方に「わー、ほんとになるんだ！」「なんか嘘みたいだな……」って思ったんです。そういう驚きに近い感じを、ブックオフで出会った作品から貰うことが多いんですよ。（略）
今の時代って、ネットでは常にアルゴリズムが働いて、おすすめの商品がおすすめされてしまうじゃないですか。Amazonでなにかを買う時も、YouTubeで音楽を聞く時も、常にそうです。
でも、ブックオフってそういう感じがなくて、ある種の乱雑さがある。そういうのが面白いし、予想してなかった出会いがあると、僕は思うんですよ。

（谷頭和希インタビュー「17歳高校生DJが語る「ブックオフ」再評価の必然――一一〇円棚は今や少ない「アルゴリズムの外側」だ」二〇二二年八月二十日「東洋経済オンライン」）

ここで彼は、偶然の出会いがブックオフにあると述べています。そしてそれはインターネットのようにアルゴリズムの外側にあるというのです。近年話題になることが多いように、インターネットの世界ではフィルターバブルという現象が問題になっています。インターネットでは個人がこれまでどのようなサイトを見たのかが記録され、そうした検索履歴に基づいてそれぞれに個人が好むようなサイトがオススメされます。

「Instagram」や「Twitter」で「おすすめの投稿」と称して自分がフォローしていない人の投稿が表示されることがありますが、それはアルゴリズムのはたらきによるものです。このシステムは非常に便利です。自分が好みそうなコンテンツをあらかじめインターネットが予知して自分から探しにいかなくても提供してくれるからです。

ただ、ここには一つの問題があります。個人の好みはアルゴリズムによって管理され、自分がこれまで好きだったものと同じようなものしかそこには表示されないのです。こうした現象は、なにもコンテンツの表示だけの話ではありません。例えば、自分と同じような政治思想を持った人ばかりがタイムラインに出てくるために、世界が自分と同じような人だけで成り立っていると勘違いしてしまうということも起こります。そこでは予期せぬ出会いが起こりづらい構造になっていて、自分にとっていままでは全く好みではなかったけれど、好きになる可能性があるもの、あるいは自分とは好みが合わないけれど、それを好む人がいる、という「他者」の存在が希薄になってしまうのです。

しかし、ブックオフはあくまでも物理的な空間です。同じ店内にさまざまな本やCDがひしめいています。それらは同じ棚に並べられていることもあり、予期せぬ出会いが発生することはしばしば起こるのです。すでにここまでで語ってきたように、近年ではCDや本以外にも、アニメグッズやトレーディングカード、家電なども商品棚に並んでいて予期せぬ出会いの度合いはますます高まっています。そして、Telematic Visionsが自身の創作の源泉としているのが、この「出会いの衝撃」でしょう。「偶然の出会いから生まれたフィーリング」こそ、彼を創作に向かわせるのです。ブックオフに存在するある種の乱雑さこそが、ブックオフという空間とインターネットの空間を分けるものであり、ブックオフの面白さだとTelematic Visionsはいうのです。

実はこうした視点からの発言はtofubeatsの発言にも見られます。彼はインタビューで次のように述べています。

「みんな好きだけど、自分は聴かないいな」と思っていたものに触れて、その良さを理解できる場所というか。そういう意味でも、聴く音楽の幅を正しい方向に広げてくれたように思います。

（前掲「tofubeatsは「ブックオフがなかったらミュージシャンになっていなかった」」）

「みんな好きだけど、自分は聴かないな」と思っている作品に出会えるのがブックオフだとtofubeatsはいいます。インターネットでさまざまな音楽に触れられる時代は、逆にいえば自分が好む音楽だけを聴ける時代だともいうことです。そうなるとどうなるか。彼の言葉を借りるならば、音楽の幅が正しい方向に広がらなくなるのです。ブックオフという空間があるからこそ、音楽の幅が広がった、そしてそれが実際に自分自身の音楽を広げるとtofubeatsは語っているのです。実際、彼はクラブミュージックからJ—POPまで幅広い音楽ジャンルの曲を制作していますが、それもまたブックオフで音楽と偶然の出会いを果たしたからなのかもしれません。

ブックオフでこうした偶然の出会いを果たすことができるのは、本書がここまで語ってきたような、「なんとなく性」をその空間が持っているからでしょう。さまざまな本が非意図的に積み重なる空間だからこそ、このような出会いが可能になるのです。

「なんとなく性」がもたらす出会いを創作の源に

これまで知らなかった作品との偶然の出会いを果たすことができることこそがブックオフの特徴であり、そこにアーティストは魅かれているのではないか。ここまでは、以上のことを確認してきました。ブックオフのこうした特徴については、ほかのアーティストや作家なども言及しています。ここでは、音楽以外のジャンルで、ブックオフの影響を公言している人物の発言を取り上げながら、「アルゴリズムの外側に出会うことが創作の源泉になる」という実例を見ていきましょう。

ここで取り上げたいのは、書評家の三宅香帆の発言です。二〇二二年に出版されたエッセー集『それを読むたび思い出す』で彼女は次のように書いています。

> ぼーっとブックオフの本棚を見ると、心がすっと軽くなった。もし読みたいものが見つかれば、文庫本を買った。買わなくても漫画を立ち読みした。たいして面白くない漫画でも、新しいものを読めるだけで、憂鬱が晴れた。
> 一〇代の息苦しいときに誰より自分を救ってくれたのはブックオフだった。
> (三宅香帆『それを読むたび思い出す』青土社、二〇二二年、二九ページ)

三宅は高知県出身で、彼女が住んでいたエリアは新刊書店の数が非常に少なかったといいます。そこでは文化に接する機会が非常に限られていたのです。そんななか彼女を文化と出会わせたのがブックオフだったというのです。三宅は現在、書評家として、精力的に活動しています。そんな彼女が初めてさまざまなコンテンツに出会った場所がブックオフだったのです。ここでも、先ほどtofubeatsについて述べたときに触れたように、地方での文化のインフラとして機能したブックオフの姿が重要になってくるのです。三宅ははっきりとこのように書いています。

……書評家という出版業界の片隅で食べさせてもらってる身として、ブックオフが読書好きになった源流です！なんて言ったら怒られるのだろうか？

でも本当だ。実際に、ブックオフがなかったら私はこんなに本や漫画を乱読する人生を送っていない。

（三宅香帆「ブックオフで育った書評家は今、ブックオフになりたいと思っている」二〇二二年七月十五日「ブックオフをたちよみ！」）

写真23　三宅香帆『それを読むたび思い出す』青土社、2022年

三宅が書評家としてさまざまに活動する原点はブックオフにあったのです。さらに興味深いのは、三宅がはっきりと、ブックオフの空間の特徴を「なんとなく性」に求めていて、その「なんとなく性」に魅かれていると述べていることです。ここでは、私が三宅さんと行ったブックオフについての対談から一部を抜粋しましょう。

谷頭：（略）三宅さんは、ブックオフの空間の面白さはどこにあると思います？

三宅：ブックオフって「これが売れてますよ」ってレコメンドしてくる棚がほとんどないじゃないですか。私はそこが魅力だと思います。売れ筋の棚みたいなものもあまり見かけないし、あと、何が新刊かわからないのもいいですよね。文脈がない。

谷頭：全部がフラットに扱われてる感じというか。

三宅：そんな中に入って、「いくらでも居て良いからさ、何でも好きな本見て」っていう感じが好きかもしれない。そこに誰の意図もなく、さまざまな本が置いてあることが、一番の魅力に感じますね。

谷頭：書店チェーンでいうと、蔦屋書店の対極ですね。もちろんそれは蔦屋書店の魅力でもあるのですが、あそこは店がテーマ性に基づいた商品を徹底的に押し出しているので。

三宅：だから、ブックオフが「こういう本を売ります」って言い出したらちょっとショックですよね（笑）。

谷頭：とてもわかります（笑）。三宅さんの本では、『源氏物語』から『推し、燃ゆ』、果ては『トーマの心臓』までが紹介されてますよね。時代もジャンルもバラバラなものが全部フラットに入ってるところに、今話されたブックオフっぽさを感じました。

三宅：そうですね、そういう感覚はあるかも。今、自分が書評家として活動できているのも、売れ筋の本だけを読んでたわけじゃなかったのも大きいなと思っていて。みんなと同じように、流行の本だけを読んでたら、差別化ができてなかったと思うんです。ブックオフみたいに、昔の本も今の本も雑多にある中で本を探して読んでたのが今につながっているな、と感じますね。

（谷頭和希／三宅香帆「28歳書評家が「ブックオフ」に愛と感謝を語る理由――「チェーン＝貧困の代名詞」という考えに疑問」二〇二二年八月六日「東洋経済オンライン」）

本書では、ブックオフの空間に見られる「なんとなく性」が重要なキーワードであることを繰り返し述べてきました。三宅さんがいう「レコメンドされない空間」という言葉は、この「なんとなく性」につながるものでしょう。さらに興味深いのは、三宅さんの作風が、こうした「なんとなく性」に強い影響を受けているということです。三宅さんの書評対象は、現代の小説に限られません。古今東西のマンガやアニメ、あるいは宝塚の作品など二次元・三次元を問わないさまざまなものが批評対象になっています。彼女の本を見てみると、その批評対象の幅広さに驚かされます。そのようにジャンルを超えて彼女が批評活動をおこなうことができるのは、ブックオフが持つ「なんとなく性」に由来するのではないでしょうか。ブックオフには本だけではなく、さまざまなコンテンツが存在しています。そうしたコンテンツに出会うことができるからこそ、彼女はさまざまな対象を批評することができるのではないでしょうか。

実はこうした傾向はかくいう私自身にも当てはまるのではないかと思います。私は、以前『ドンキにはなぜペンギンがいるのか』（谷頭和希、〔集英社新書〕、集英社、二〇二二年）という書籍を発売しました。「驚安の殿堂」として知られるドン・キホーテについて書いた本ですが、ここでは経営的な視点からだけでなく、都市論や民俗学、社会学などさまざまな視点からドンキについて語りました。この本を書くために参考にした本のいくつかは、実はブックオフで出会ったものです。ブックオフの書棚をふらつくなかで、さまざまなジャンルの本に出会い、それが一つのインスピレーションとなって生まれた本が、この本なのです。このようにブックオフの空間が持つ「なんとなく性」に喚起されて生まれた文化が、少なからずあるわけです。

ブックオフ的想像力に動かされる人々

ここで、ブックオフの「なんとなく性」から喚起される想像力を「ブックオフ的想像力」と呼んでおきましょう。そういえば、ここまで語ってきたブックオフ文化人がブックオフに魅了されている理由もまた、このブックオフ的想像力と関係があるように感じられます。例えば、あいみょんは、それまで触れることがなかった官能小説の表現に出会うことによって、その歌詞を形作っていきました。これもまた、ブックオフがもたらした予期せぬ出会いによって生まれたブックオフ的想像力の産物でしょう。tofubeatsやTelematic Visionsが述べていた「アルゴリズムの外側」としてのブックオフもまた、こうした偶然性をよく表しています。そうしたアルゴリズムの外側に出会うことによって彼らはブックオフ的想像力を喚起され、さまざまな作品を作っていくのです。

とはいえ、ブックオフの空間が私たちにもたらすブックオフ的想像力は限定的な文化人にだけ見

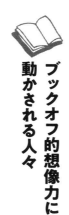

られるものかもしれません。しかし、確かなことは、そのようなブックオフ的想像力が動かし、作っている文化も存在するのだということです。

ブックオフが文化を破壊する、というのはある一面から見たら真理かもしれませんが、別の側面から見てみると、むしろ文化を生み出すその力の源にさえなっているのです。そしてとりもなおさず、そのときに重要になってくるのがブックオフが持つ「なんとなく性」です。

ブックオフ的想像力の源泉

自らが予期しなかったものと出会い、そこからさまざまなものを生み出していくブックオフ的想像力。ここまでは、そうした想像力をはたらかせてさまざまな分野で作品を作っている「ブックオフ文化人」とその源泉にある「ブックオフ的想像力」の姿を見てきました。

ここからは、本章の締めくくりとしてこうしたブックオフ的想像力の特徴について、それを歴史的な視座から考察していきます。とはいえ、ブックオフ自体は一九九〇年代に登場した企業であり、歴史的な考察に値しないと思われるかもしれません。しかし、実はブックオフ的想像力のような想像力のあり方は、これまでにも形を変えて見られてきたものだと私は考えています。

それを考えるときに参考にしたいのが、社会学者である毛利嘉孝らが提唱した「ストリート」という概念です。毛利は一九九〇年代以降の日本に見られた「ストリート」つまり「路上」という公共空間から生まれた文化を取り上げながら、それが「ストリートの思想」ともいえるものを生み出しながら、独特の文化を形成してきたことを述べています。一見するとこうした「ストリートの思想」は、「想像力」とはあまり関係がないようにも思えますが、毛利はこのように述べます。

「ストリートの思想」は、想像力をめぐる思想である。
（毛利嘉孝『ストリートの思想――転換期としての１９９０年代』〔ＮＨＫブックス〕、日本放送出版協会、二〇〇九年、三一ページ）

このように想像力と密接に結び付いた思想として、ストリートの思想は語られます。では、それはどのような特徴を持っているのか。その一つとして毛利はストリートの思想を「線」の思想だと語ります。つまり、一つの地点にとどまるのではなく、いくつかの地点を横断しながら形成されていくもの、それがストリートの思想だというのです。ここではさま

写真24　毛利嘉孝『ストリートの思想――転換期としての1990年代』（ＮＨＫブックス）、日本放送出版協会、2009年

ざまな地点を横断することによって、さまざまなものと出会いながら文化や思想が形成されていくことが重要視されています。実際、毛利がストリートの思想として語るものの例のなかには、音楽や美術、サブカルチャーなどさまざまなジャンルのプレイヤーが含まれています。ここでのポイントはさまざまな人が予期せぬ出会いをすること、にあります。

毛利はこうしたストリートの思想の前史として、一九九〇年代以前、特に八〇年代に話題になった「ニューアカデミズム」について触れています。ニューアカデミズムとは、浅田彰や中沢新一といった知識人たちによって巻き起こされた一種のムーブメントです。それまで、大学という枠のなかで活動をおこなっていた知識人たちが大学の外のさまざまな領域で活動をおこない、知のあり方が大きく変容したのがこのムーブメントでした。文化人たちが学問の領域を大きく横断し、ときに坂本龍一などの文化人との交わりも通して新しい文化潮流を生み出していったのがこの時期です。ここではその詳細に立ち入ることはしませんが、とにかくそのときの一つのキーワードが「領域横断」であり、それまで大学という限られた場所のなかでだけおこなわれていた学術活動が、その外の世界と出会うことによって、さまざまに変化し、多様な光景を見せたのです。そのときに重要視していたのが、「予期しなかったひとやものと出会うこと」でした。その結果として生まれた文化が重要だと思われたのです。

こうした潮流の延長線上に提唱されたのがストリートの思想であり、そう考えると、ストリートの思想とは、ブックオフ的想像力と近しい関係にあるのではないでしょうか。ブックオフでもまた、その店内は全く異なるジャンルや、ときに異なる種類の商品がひしめき、さまざまなものが出会い、集まる場所です。そしてそこに集まった人々は、そこからいままでそれぞれが出会うことを予期していなかったさまざまな作品や物に出会い、そしてそこから新しい作品を作っていきます。そこでおこなわれているのは、毛利が語っているようなストリートでおこなわれていることと同じであり、いうなれば、ブックオフとは新しいストリートなのではないか。偶然の出会いや領域の横断を通してさまざまなものが出会う場所と、そこから生まれる想像力。ブックオフという企業が生み出したこの場所は、意外な文化の空間を形作っているのかもしれません。

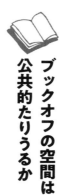

ブックオフの空間は公共的たりうるか

しかし、もちろん、毛利たちはこのような議論に賛同しないでしょう。なぜなら、毛利たちが唱えたストリートの論理は思想と文化と政治運動とが絡み合ったものであり、彼らは私たちの生活を侵食する資本主義から独立した空間をストリートの空間に求めたからです。いわば私たちの生活を取り囲む資本主義に対する抵抗運動の新しい形として、このようなストリートに生起する想像力や思想を高く評価したのです。

それに比べると、ブックオフの空間はむしろ資本主義というシステムに適合して生まれた空間であり、そこでは決定的に政治性や公共空間に対する意識が欠けています。むしろグローバル資本主義を前提としたうえで、そのシステムを所与のものとして生み出されている空間だともいえるでしょう。毛利たちが資本主義で問題視するのはどのようなことか。彼は、イギリスで発生した「ストリートを取り戻せ」という運動について以下のように述べています。

ドイツの思想家、ハーバーマスは、徹底した討議を通じて政治的な議論が形成される場を「公共圏」と呼んだ。歴史的に見ると、一八世紀のヨーロッパのカフェやサロン、現代ではテレビや新聞などメディアがその代表的な例である。(略)

けれども、今日こうした「公共圏」は徹底的に切り詰められている。かつて「公共」と呼ばれた民主的な領域は国家に回収されるか、資本によって私有化されてしまっている。

「ストリート」も例外ではない。(略)

高度経済成長とともにモータリゼーションが始まり、道路は次々と整備され、ストリートからは公共性が失われてしまった。道路は国家が管理する、自動車の通行の場になってしまった。(略)

「ストリートを取り返せ」のスローガンが意味するところは、やはり現在ストリートで切り詰められている「公共性」を、ダンスや音楽など身体的な身振りによって取り戻そうということだろう。

(同書一八八―一八九ページ)

このように毛利はストリートの空間でも「公共性」がなくなっていることを述べ、そのかわりにそこでは公共空間の「資本」による私有化が起こっていると指摘します。この指摘を踏まえれば、ブックオフという空間をストリートの空間と並べて語ることははなはだナンセンスだといえるでしょう。ブックオフの空間は公共的であることはおろか、むしろその正反対の「資本」によって支配された空間だからです。

しかし、同時に本章で確認してきたように、ブックオフの空間を見ると、確かにストリートの思想にも通じるような、「偶然の出会い」を通した新しい文化の創造があることに気がつきます。では、この、「公共的」ではないが、同時にストリート的な、公共的な空間でもあるブックオフの空間とは何なのでしょうか。

最終章となる次章では、この「公共空間」としてのブックオフの姿を考えていくことにしましょう。

BOOK•OFF

終章 「つながる」
――ブックオフが生み出す「公共性」とは

目的を見失い、同じような棚が立ち並ぶブックオフで迷子になる。
それはまさに、知らなかった世界に迷い込み、思わぬ本を手にする神隠しに近い経験だ。

前章では、ブックオフの空間に影響を受けて創作活動をおこなっているアーティストの言説を見ながら、ブックオフがどのようにして文化と関わっているのかを見てきました。そうした考察を通して、ブックオフの空間は、かつて語られたストリートの空間のように、それまで出会うことがなかったさまざまなものと出会える空間なのではないかという問題提起をしました。これは一見ブックオフの空間が「公共的」であることを示しているように思われますが、一方でその空間は一つの企業が作り出したもので、一般的にいわれる「公共空間」のイメージとは合わないでしょう。では、ブックオフの空間における「公共性」とはいったい何なのか。

最終章となる本章では、「公共性」という切り口をキーワードにして、ブックオフという空間が現代でどのような意味を持っているのかを考察していきましょう。そのとき、キーワードにしたいのが「つながる」という言葉です。私たちはブックオフの空間を通して見知らぬ他者や、これまで私たちが思いもよらなかったアイデアと「つながる」ことができるのではないか。そして、その「公共性」は現代社会で見落とされがちな公共性のあり方を指し示してくれるものなのではないか。どういうことでしょうか。まずは「公共性」という言葉の意味を考えることから始めていきましょう。

「つながり」としての公共性

最初にも述べたとおり、普通に考えれば、ブックオフを公共的な空間だとするのはおかしいでしょう。そこに「公共性」を認めることに強い拒否感を覚える人もいるはずです。それもそのはずで、ブックオフは一企業であって、公共性が意識されている事業ではありません。それにかつて話題になったような（そして創業者も自著のなかで回想している）買い取りの際に売れる見込みがない古い本を廃棄していたことは決して歓迎されるべきではありません。

ブックオフを「公共的」だとすることは「公共」の定義から考えても少し突飛な発想です。齋藤純一によれば、「公共性」という言葉は、「official」（国や国家に関わるもの）、「common」（共通の利益を帯びるもの）、「open」（開かれたもの）、という三つの定義を持ちます。この定義でいえば、ブックオフは「official」という定義には合致していません。さらに、それは一企業が利益を上げるために作った場所で、そこは「商品を買う」という行為をおこなわない人には開かれた場所ではないことになり、その点で「open」という定義でも合致しなさそうです。

とはいえ、齋藤自身も述べているとおり、この三つの定義はそれぞれが相反することもあります。例えば、国家や地方自治体がある特定の人種や属性の人々を差別し、排除する（openでない状

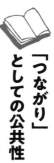

態にする）ということも歴史上おこなわれてきました。したがって、この「公共」に関する定義を厳密に考えてしまうと、一般に公共性を帯びているといわれているものが本当に公共性を帯びているのかもわからなくなってしまいます。何が公共的で何がそうでないのかを見分けることが非常に難しくなるのです。

もう少し齋藤の所論を見てみましょう。彼はこれまでの公共性がどのように考えられてきたのかをまとめる際に、政治哲学者であるハンナ・アーレントの所論をまとめて次のように述べています。

アーレントは、公共性が失われた生の境遇を「私的」(private) という語によって形容する。

（略）

「私的」であるということは他者の存在が失われていることを意味する。

（齋藤純一『公共性』〔思考のフロンティア〕、岩波書店、二〇〇〇年、ivページ）

ここで齋藤は、公共空間で重要なこととして「他者の存在」を挙げています。同じ空間に自分とは異なる他者がいること。これこそが、公共空間にとって重要なのではないか。私たちがどのように他者と出会い、他者とともにいることができるのか。そのような、「みんな」の空間をどう作りうるのか、ということが公共空間の議論についての一つの論点だといえるでしょう。先ほど提示した「official」「common」「open」という三つの定義は、その場所で他者と出会うことができるための条件を提示しているともいえると思います。

アーレントはこうした公共空間の重要性からさらに進んで議論を展開しています。そうした言説についてはブックオフの具体的な話題を進めながらのちほど考察していく予定です。ひとまずここでは、公共空間を「他者と出会うための空間」程度の意味で捉えておくことにしましょう。そんな他者と「つながる」空間がブックオフなのではないでしょうか。

インフラとしてのブックオフ

話がやや抽象的になってしまいましたので、具体的な話題から話を進めながら、この「つながる」空間としてのブックオフの姿を見ていきましょう。

まず、その糸口として提示したいのは、「ブックオフがインフラ化している」ということです。インフラとは、社会生活に必要な基盤のことを示します。通常の意味では水道や電気、ガスなど生活に必要な基盤のことを示すのですが、ブックオフはある意味で「文化のインフラ」になっているのではないでしょうか。

以前、私は地理学者の重永瞬さんとブックオフを含む日本の書店空間について対談したことがあります。その対談ではブックオフ、ヴィレッジヴァンガード、丸善ジュンク堂、文教堂、ＴＳＵＴ

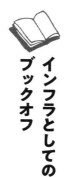

AYAの支店の位置をマッピングしながら、その立地からわかることを話しました。丸善ジュンク堂と文教堂は日本の大型新刊書店を代表する存在として取り上げ、ヴィレッジヴァンガードは「遊べる書店」として日本の書店業界のなかでも独特の地位を築いているために、対談の際の比較対象に選びました。TSUTAYAもレンタル事業から始まったものの、近年では蔦屋書店などの経営で書店業界に大きなインパクトを与えている存在です。それらと並んで、日本の古本業界を大きく変えたブックオフも取り上げたのです。

そのときに驚いたのは、ブックオフの広がりです。私はこの対談で次のように述べました。

谷頭　まず驚いたのがBOOKOFFの網羅率ですね。すべての地域にBOOKOFFがあるんだなって。

逆に丸善ジュンク堂と文教堂は「こんなにないんだ」って思いました。都市部に集中してるということはなんとなく認識してたけど、BOOKOFFと見比べるとこんなに差があるんですね。

（略）

谷頭　こうして東京以外の地域を見てみても、BOOKOFFは網羅率がすごいですね。BOOKOFFって最近文化的な側面から見直されつつある存在で、自分も東洋経済オンラインで『ブックオフで生きてきた』という連載をしているんですが、「BOOKOFFがあったから自分の文化的素養ができました」っていう人たちがたくさんいるんですよね。本だけじゃなく音楽や映画もBOOKOFFで摂取したんだ、という話が多い。

こうやって可視化されたのを見ると、そりゃそうなるってなりますね。インフラですよね、もはや。

（重永瞬／谷頭和希／水野広介「BOOKOFFとヤマダデンキはほぼ同じ店舗数。店舗の分布に潜む各チェーンの本質とは」二〇二二年十一月十四日「集英社オンライン」）

「文化的なインフラ」という概念は私がオリジナルで考えた言葉ですが、全国に点在する文化に触れたい人々にとって、ブックオフの存在はある意味で彼らに最低限の文化的な素養を身につけさせる場所になっていたのではないでしょうか。この話は、第4章で書いたことに重なる部分があります。現在、アーティストやライター、作家として実際に自身で創作活動をしている方のなかには、ブックオフがあったからこそ、自身の文化的素養を満たすことができた、という人も多いのです。

このような「インフラ」としてのブックオフの姿は、実はブックオフ本社自体も意識していることです。社外向けのセミナーのなかで、当時の代表取締役社長である佐藤弘志は次のように述べています。

「本を読み終わったらブックオフに売りに行く」「要らなくなったと思ったらブックオフに売りに行く」というライフスタイルができれば、自分の書棚をコーディネートできます。あるいは「この作家、ちょっと読んでみたいけど、新刊書で千八百円じゃ手が出ないな」と思うようなときに、「ブックオフの値段だったら、まあ失敗してもいいや」というお試しの機会をつくれます。つまり「本を読む」というスタイルの幅を広げられるのです。これは実際、無意識で我々がやってきたことで、我々がお客さまのインフラになっていけているということじゃないだろうかと思いました。

(「ブックオフの危機を救った社会貢献プロジェクト――Room to Readとの協業「BOOKS TO THE PEOPLE」」二〇一一年五月十三日「academyhills」)

こう述べ、「お客様のインフラになっていけている」という自覚を持っているのです。先にも述べたようにインフラとは、すべての人々に生活に必要な基盤を届ける役割を持っています。その意味でも、文化的なリソースを都会/地方にかかわりなく届けてさまざまな商品と出会わせ、コンテンツと人をつなげるという点では、ある種の公共性を帯びているといえるでしょう。

とはいえ、私はブックオフだけを文化のインフラとして語りたいのではありません。そもそも、日本の書店全体の数は減少傾向にあります。出版文化振興財団の調査によれば、全国で書店がない市町村は四百五十六にものぼっているといいます。これは全国の市町村のうち二六・二パーセントにもあたる数だそうです。このように書店全体の数が減少するなかで、既存の新刊書店もその対応を迫られています。したがって「文化のインフラ」ということを考えたときに、もはや新刊書店とブックオフはかつて語られたような二項対立的な存在ではなく、むしろ書店全体が減少していくなかで相補的にお互いが支え合っていくような存在になるのだと思います。この章はブックオフだけが「文化のインフラ」ではなく、「文化のインフラ」の一つとしてブックオフが語りうるのではないか、という問題提起として読んでいただければ幸いです。

インフラとしてのTSUTAYA

ブックオフが「文化のインフラ」として、公共的な姿を見せていることを、その分布から確認しました。しかし、このように文化的なインフラになっているのは、ブックオフだけではありません。同じように文化的なコンテンツを扱いながら全国にその出店を広げている店があります。

それが、ＴＳＵＴＡＹＡです。ＴＳＵＴＡＹＡの分布を見てみると、ブックオフがない場所にまでその出店が広がっていることがわかります。

ＴＳＵＴＡＹＡはレンタルビデオ店として知られ、その運営をおこなっているのはＣＣＣ（カルチュア・コンビニエンス・クラブ）という企業です。ＣＣＣは一九八三年、大阪の枚方にＴＳＵＴＡＹＡの前身ともいえるＬＯＦＴを出店し、その後、屋号をＴＳＵＴＡＹＡに変えて、レンタル事業を中心として店舗数を伸ばしていきました。時代の変化とともにレンタル事業だけではなく、ライフスタイル書店として知られる蔦屋書店や、地元の公共図書館とタッグを組んだＴＳＵＴＡＹＡ図書館などさまざまな事業を展開しています（このＴＳＵＴＡＹＡ図書館は賛否合わせてさまざまな議論がなされました。本書でも、あとの部分でこのＴＳＵＴＡＹＡ図書館の話に触れるつもりです）。いずれにしても、その幅広い業態を通して、文化的なインフラとしての姿を見せてくれています。そんな

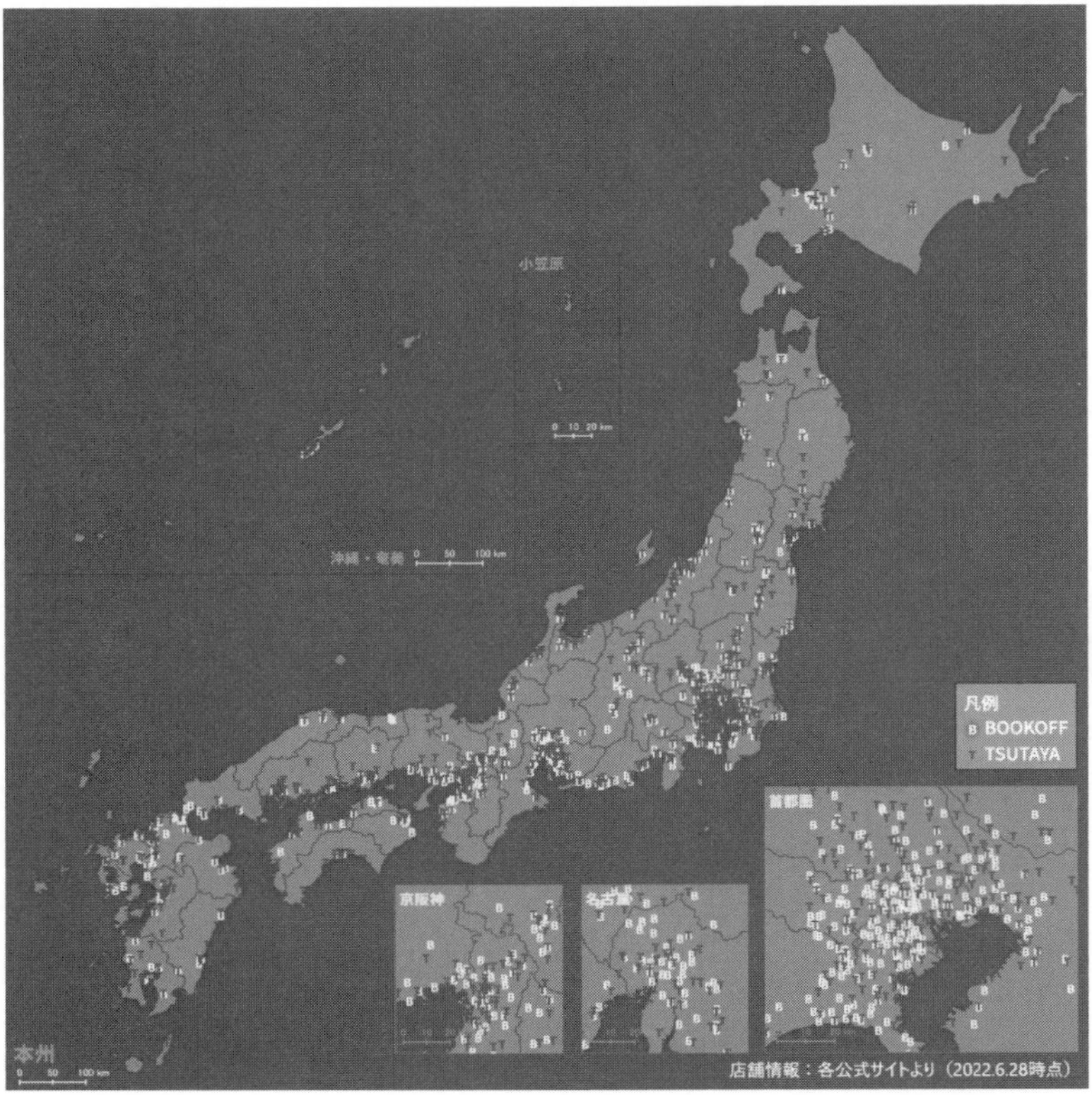

BOOKOFFとTSUTAYA

写真25　ブックオフとTSUTAYA（出典：各社ウェブサイトから重永瞬氏作成）

数多くの事業を運営しているCCCの創業者である増田宗昭は、自著のなかで次のように述べています。

CCC＝カルチュア・コンビニエンス・クラブという会社の存在意義。それを私は「カルチュア・インフラを創ることだ」と、創設以来、言い続けてきた。全国に展開されるTSUTAYAは、社会にとって必要不可欠なインフラになるのだと。これからの社会においては道路や水道や送電線ばかりがインフラと呼ばれるのではなく、映画や音楽といったカルチュアもまた、人々の生活に欠かすことのできないインフラになる。それを供給するのがTSUTAYAなのだと。

（増田宗昭『知的資本論――すべての企業がデザイナー集団になる未来』CCCメディアハウス、二〇一四年、一一五ページ）

このように増田はCCCの存在意義を明確に「カルチュア・インフラを創ること」だと述べています。その言葉どおり、レンタルビデオ店のTSUTAYAは全国各地に存在し、カルチャーが届かなかった地方の人々にもある一定の文化を供給する役割を果たしました。その意味では、ブックオフと同様の役割を担ってきたわけです。創業者は自著のなかでかなり強くこの存在意義を発信していますから、ある意味ではブックオフ以上に「インフラ」としての役割を強く自任しているといえるかもしれません。このように見ていくとブックオフよりもTSUTAYAとその運営元である

CCCのほうがより公共的である、といえるようにも感じられます。しかし私は、そうは考えていません。ブックオフのほうがより公共的なのではないかと思っているのです。では、ブックオフとTSUTAYAの公共性の違いはどこにあるのでしょうか。

それは、ここまで私がブックオフに特徴的に見られると書いてきた「なんとなく性」に関わってきます。ブックオフには、「なんとなく性」があるが、CCCにはその感覚が薄いのではないか。そして、その「なんとなく性」の違いが、「さまざまな他者と出会う」空間作りに影響しているのではないか。このことを確認するためにCCCについてもう少し詳しく考えていきましょう。

CCCが展開している事業は多岐にわたるため、そこに一つの軸を見いだすことが難しいようにも感じます。例えば、多種多様なレンタルビデオを扱うTSUTAYAと、新刊本が中心に置かれ、洗練された店舗空間を持つ蔦屋書店では全く異なる店舗の方向性を持っているように思えます。しかし増田は一九八〇年代から現在まで続くCCCの事業の核として、TSUTAYAを創業したときに自身が手書きで書いた「創業の意図」があると述べています。以下に引用しましょう。

変革の八〇年代に、関西最大のベッドタウン枚方市において「カルチュア・コンビニエンス・ストア」の発想で、文化を手軽に楽しめる店として、（略）枚方市の若者に八〇年代の新しい生活スタイルの情報を提供する拠点として、LIFE INFORMATION CENTER "LOFT"を提供したい。

（同書一九一―一九二ページ）

ここで増田は一九八〇年代の若者に対して新しい生活スタイルの情報を提供することを創業の意図として挙げています。増田は同書で、自身の考えが三十年間変わっていない物証としてこの創業の意図を取り上げています。生活スタイルの提案をおこなう、ということこそ、CCCが企業としておこなうことだというのです。実際、東京・代官山から始まり、現在では全国に店舗を展開している蔦屋書店は「ライフスタイル提案型」と名付けられている書店です。二子玉川の蔦屋書店ではライフスタイル提案型をより打ち出した「二子玉川蔦屋家電」の営業もおこなっています。

蔦屋書店の書籍の配置について増田は「その提案内容による分類で書店空間を再構築した」と述べています。そして「そこは旅、食・料理、人文・文学、デザイン・建築、アート、クルマ……といったジャンルごとにゾーニングされ、さらにその中でも近しいものが、単行本やら文庫本といった枠を飛び越えて横断的に固められている。だからここでは、〝ヨーロッパを旅するなら、こんな文化に触れてみてはどうですか?〟とか、〝健康を考えるなら、日々の食事をこう作ってみたらどうですか?〟とかといった提案そのものを、訪れた人は受け取ることができるのだ」(同書八六―八七ページ)と述べています。このように蔦屋書店では通常の店舗とは異なり、「旅」や「健康」といったCCC側が顧客に提案したい内容に基づいて本やそれに関連するコンテンツが置かれています。こうした書籍の置き方は通常の新刊書店とは異なり、同じジャンルのなかで横断的にさまざまなコンテンツが置かれているために、あるテーマに関して、自分が知らなかったコンテンツとの出会いを果たすこともできるでしょう。

その一方で、こうした空間が意味しているのは、CCCが提案する生活の方向性と異なる商品はそこには置かれないということです。その空間に置かれている商品のすべては、CCCが意図したものであり、なんらかの意味を持っています。CCCが標榜する「提案」という行為は、コンテンツのジャンルを横断できるとともに、一方ではその「提案」に合致しない、つまり企業側が押し出したくない内容のコンテンツをあらかじめ排除してしまうのではないか。蔦屋書店がその空間にこだわればこだわるほど、そこに合致しないコンテンツは置かれないことになります。つまり、私たちはその空間で、偶然の出会いを果たしているかのようでいて、実はその出会いは、CCCが提案する枠のなかでの偶然性なのだと

写真26　代官山蔦屋書店。店舗デザインからも、TSUTAYAが目指している方向性がよくわかる

もいえます。蔦屋書店の空間に置かれている本は、すべてCCCが意図する「提案」に基づいたもの、言い換えれば「なんとなく」ではないものだということになり、その空間にはブックオフのような「なんとなく性」はないのです。

TSUTAYA図書館と公共図書館、そして「意図された公共性」

このような「意図」にあふれた空間としてのCCCをよく表している事例をもう一つ取り上げましょう。それが、蔦屋が近年意欲的に取り組んでいる公共図書館とのタッグです。

これは、佐賀県にある武雄市図書館との提携を皮切りに、神奈川県海老名市や熊本県宇城市などにも誕生した、CCCと公共図書館がタッグを組んで運営する図書館です。武雄市では二〇一二年から市が「新図書館構想」を打ち出し、そこでCCCとの提携の話が出たのでした。このTSUTAYA図書館は大きな話題を持って受け入れられた一方で、多くの批判にも晒されました。その理由には、図書館がリニューアルオープンする十年以上前の書籍が購入されるかわりに、それまで図書館にあった古い地域資料が廃棄されたこと（ただし、これは誤った情報だったという意見もあります〔伊藤大貴「TSUTAYA書店に学ぶ、官民共創における「成功の方程式」」二〇二三年四月十一日、「日経ビジネス」〕）や、デザイン性だけを意識して手に取ることができないほどの高さを持つ書棚を置いたことなどさまざまなものが挙げられます。しかしその大きな理由の一つは、独自の選書基準にありました。先ほども見たように、CCCでは書籍の配列の際に、企業が独自で持っている「生活提案」に基づいた選書配列をしているのですが、それをこのTSUTAYA図書館でも取り入れたことが波紋を呼びました。共同事業をおこなった海老名市図書館の関係者は「東洋経済オンライン」の記事で以下のようにこの独自分類の問題点を指摘しています。

実際に本を検索していただければわかるが、どう見ても素人がタイトルや単語だけを見て判断したとしかいえない分類がある。たとえば著名な作家の食べ物に関する随筆が、料理本に分類されているような例だ。

また独自分類の詳細な区分表が開示されておらず、系統立てて理解することが第三者にはできない。たとえて言うなら、図書館の書架が個人の本棚のようになっている。好きなように分類した当事者にとってはわかりやすいかもしれないが、第三者にはまったくわからない。通常、公共図書館が採用している日本十進分類法（NDC）はグローバルスタンダード。電子計算機のような古い言葉を使っているところもあるが、一定の評価ができる分類法だ。

（杉本りうこ「TSUTAYA図書館に協業企業が呆れた理由——CCCとの公立図書館運営の協業見直しへ」二〇一五年十月二十九日「東洋経済オンライン」）

CCCが採用している独自分類によって、公共空間である図書館がある意味で個人の書棚のようになってしまっている、ということが指摘されています。このTSUTAYA図書館の事例は図書館の「公共性」をめぐる非常に多くの論点を含んでいると思われますが、さしあたってここで私が確認しておきたいことは、CCCがカルチャーのインフラとして全国各地にカルチャーを届けていたとしても、やはりその空間はある種の排他性を持ったものであり、その空間になじめない人もいるということです。そしてその原因は、やはりCCCが持っている企業としての「生活提案をする」という強い意図が関係しているでしょう。その企業の意図が、「公共性」ということと反発し合っているわけです。

ただし、ここで私がさらに付け加えておきたいのは、ここでTSUTAYA図書館と対比的に語られている公共図書館での「公共」のあり方についてです。先ほどの引用でも書かれていたように、公共図書館の本の並びは日本十進分類法という独自のルールによって配列されていて、基本的には市民から要望があった書籍を蔵書として取り入れます。というのも、それは「公共」の利益のためにおこなわれているもので、その周辺に住むすべての住民のための本棚だからです。こう書くとなんとも当たり前のことを述べているかのように思われるかもしれません。しかし、これは日本国憲法の精神に基づき、社会教育法や図書館法で定められていることで、図書館が担う「公共」を考えるにあたっては非常に重要なことなのです。

しかし、図書館が持っている「公共性」はそれが「すべての住民のため」という建前を持っているからこそ難しい事態に直面することもあるのです。平たくいえば、公共図書館でさえ、ある種の本を排除してしまう可能性（つまり、言葉に反して公共的ではなくなってしまう可能性）がある、と指摘したいのです。
図書館は「公共」施設です。そのために、そこに置かれる本には多くの選定基準が設けられています。つまり、ブックオフに見られる「なんとなく性」とは対照的に、「意図」を持たざるをえないのです。一例として全国学校図書館協議会が発表している選定基準から「まんが」のいくつかの項目を引いてみましょう。

(1)絵の表現は優れているか。
(4)ストーリーの展開に無理がないか。
(5)俗悪な表現で読者の心情に刺激を与えようとしていないか。
(6)悪や不正が讃えられるような内容になっていないか。
(8)学問的な真理や歴史上の事実が故意に歪められたり、無視されたりしていないか。
(9)実在の人物については、公平な視野に立ち、事実に基づき正確に扱われているか。
(12)造本や用紙が多数の読者の利用に耐えられるようになっているか。
(13)完結されていないストーリーまんがは、原則として完結後、全巻を通して評価するものとする。

(「全国学校図書館協議会図書選定基準」)

もちろん、これは学校図書館向けの基準ですから、すべての図書館に通じるものではありません。さらに、児童・生徒が多く利用する図書館であるため、一般の図書館よりもやや厳しい選定基準になっていることは確かです。しかし、多かれ少なかれ、図書館は「公共性」という目的があるために、図書の選定をしなければなりません。事実、それぞれの地方自治体の図書館のウェブサイトなどを開くと、そこには図書の選定基準が掲載されています。図書館はすべての市民に開かれているべきだという公共性を担保するために多様性を持たされている空間ですが、その多様性を担保するために、逆に意図を持った図書の選定が必要になってくるというジレンマが生じるのです。

そのようなジレンマの顕著な例を紹介しましょう。図書館の資料選定がトラブルを引き起こすこともあるのです。二〇〇八年には大阪府の堺市立図書館がBL（ボーイズラブ）関連本を一斉に閉架書庫に移したことが問題になったり（結局、BL本も通常の本と同じように所蔵されることになった）、広島での原爆を描いたマンガ『はだしのゲン』（中沢啓治、一九七三―七四年）が二〇一一年から一三年、各地の図書館で相次いで回収措置や閉架措置などを取られたことが話題になりました。いずれも、BL本が公序良俗にふさわしくない、戦争中の差別語などがそのまま描かれていることが教育上ふさわしくないといった理由からこのような問題が起こったわけであり、それらはそうした本が「公共的」にふさわしくないと思った人々によって引き起こされたのです。

今後も公共図書館を舞台としてこのような問題が起きるのかはわかりませんが、図書館での「公共性」の難しさは、多くの人が住む空間で「公共性」の定義がそれぞれの人によって異なることです。ある人にとってはBL本はみんなの利益にとってふさわしくないと判断するからこそ、その本を蔵書にしないでほしい、という要求が起こります。しかし、その判断はある人にとっては全く公共的でない場合もあるわけです。両者の「公共」観が衝突したときに、それは問題になるのです。このように、「公共性」は、多様性の担保を考えた場合に、きわめて難しい問題を私たちに突き付けてきます。図書館が持つジレンマは、多様性がある空間を担保しようとするために、結果として、何かを排除せざるをえないということでしょう。多様性の維持のために「意図」が必要になる。ある意味ではそれぞれがそれぞれの思い描く「公共性」を意図しようとしたときに、このような衝突が起こるのです。

そう考えると、TSUTAYA図書館の問題は、企業が公共領域を侵食した、というような「公」対「私」の問題なのではなくて、CCC側の公共性と公共図書館側が思い描く、いわば「意図した公共性」がぶつかり合う「公」対「公」の問題だったのではないでしょうか。両者は表面上全く異なるスタンスを持っているように見えて、実は「意図された公共性」というつながりを持っているのだと思われるわけです。そして、それらはどちらもあるタイプの本やコンテンツを疎外する可能性を持っているのではないでしょうか。

ここで私は、TSUTAYAや公共図書館に共通して見られる「意図された公共性」に対して「なんとなくの公共性」という概念で、ブックオフの公共性を説明してみたいと思います。「なんとなく性」。ブックオフの空間の特徴をこのように私は形容してきましたが、「なんとなくの公共性」もこれに大きく関わる概念です。では、それはどのような特徴を持っているのか。これを説明するために、私たちはもう一度、これまで「公共性」という言葉がどのように語られてきたのかを考える必要があります。

「公共性」の思想史へ

すでに「公共性」という言葉については多くの論者が言及しています。なかでも有名なのが、ドイツの哲学者であるユルゲン・ハーバーマスと、先ほども取り上げたハンナ・アーレントの議論でしょう。

ハーバーマスは自由や平等といった近代の民主主義社会の理想的な姿に基づいて、市民が主体的に相互にコミュニケーションをおこなうことによって議会や行政の政策決定や社会的なコンセンサスを得ることができる空間のことを「公共圏」と呼びました。彼は一九六〇年代から現在に至るまで何冊もの「公共圏」と「公共性」に関する書籍・論文を発表し、そのなかでどのようにして近代の民主主義社会の理想に基づいた「公共圏」を作りうるのかを思考しています。もちろん、それぞれの書籍・論文によってその考えは少しずつ変化していきます。しかし、千川剛史はこうしたハーバーマスの議論全体を以下のようにまとめています。

ハーバーマスの公共圏論は、広域的かつ高速の情報通信手段や交通機関の発達を伴う経済活動の世界規模の拡大によって、日常生活や社会構造が大きく転換せざるをえない状況になっている今日の社会状況の中で、人々が、共通の課題に取り組むためにメディアを媒介にしてコミュニケーション的行為や討議を行い、連帯関係を形成しながら、新たな行動様式や社会規範をつくり出し社会を変革して行く方向性を示している。

（干川剛史『公共圏の社会学――デジタル・ネットワーキングによる公共圏構築へ向けて』法律文化社、二〇〇一年、二七ページ）

ハーバーマスにとっては、「公共圏」を可能にするものは「コミュニケーション」や「討議」であるというのです。そこで公共圏を作るために求められているのは、自律的に自分自身の意見を積極的に発信することであり、明確に自身の意見を持って、他者と積極的に交わりながら社会をよりよくしていこうという主体的な市民です。そのように考えると、ハーバーマスが述べる「公共性」とは「意図された公共性」、つまりそれぞれ市民が意図的にある方向を目指して作り上げるべき公共性として考えられていることがわかるでしょう。

こうしたハーバーマスの議論は、公共性に関する議論がなされる際にはスタンダードなもので、ハンナ・アーレントにも共通する考えです。先ほど、齋藤純一の所論を見ながら、アーレントにとっては、さまざまな他者が排除されることなくそこに存在しうる空間が公共的な空間だということを確認しましたが、そうした空間を作るためにアーレントが重要だと考えたのも、やはりコミュニケーションや討議でした。批評家の東浩紀はハーバーマスとアーレントの議論について、「たがいに話しあうこと。とことん話しあうこと。アーレントとハーバーマスは、政治と公共性はそのコミュニケーションの分厚さで基礎づけられるのだと主張した」とまとめています（東浩紀『一般意志

2・0――ルソー、フロイト、グーグル』講談社、二〇一一年、七四ページ）。自律的な市民が自発的にコミュニケーションをおこない、討議をして、よりよい社会をみんなで作っていく。それこそが人間にとって望ましい「公共的」な姿である。これが、「公共性」の哲学でスタンダードとされてきた考え方だといえるでしょう。

ここで重要なのは、ハーバーマスにせよアーレントにせよ、そのような自律的な市民の対極に、資本主義が作り出すような「受動的な消費者」を置いていることです。さまざまなモノが大量に消費され、それに対して無批判に「なんとなく」享受する大衆からは、そうした自律的なコミュニケーションが生まれないことを両者とも危惧しているのです。ここで、「なんとなく」の消費者と「意図を持つ」市民は対で捉えられていて、ブックオフのような「なんとなく」の空間は否定的に捉えられているわけです。実際、ブックオフという空間で人は積極的にコミュニケーションをとらないでしょう。また、そこで討議をしてよりよい空間を作っていくこともないはずです。むしろ、それぞれの顧客は一消費者として自分自身が好きなように、めぐりたいようにブックオフの空間をめぐっているだけですから、ハーバーマス、あるいはアーレント的な意味での公共圏はありません。

「なんとなくの公共性」

しかし、このような意味での公共性に対して疑問を呈する論者も現れてきます。例えば、先に引用した東浩紀は、写真家の大山顕との対談のなかでショッピングモールを例にとりながら、「新しい公共性」について次のように述べています。

> なぜショッピングモールをテーマにしようと思ったのか。一言で言うと、「新しい公共性を考えるため」です。
>
> 　ではもう一歩踏み込んで、なぜ新しい公共性を考えるのかと問われれば、それは従来の「軽薄な消費者（＝資本主義）」と「まじめな市民（＝共同体主義）」という構図に限界を感じているからなんですね。資本主義とは切り離された「市民」なるものが現実に存在するのか。むしろ市場の軽薄さを前提に、それをどう公共性に結びつけていくのかを考えるべきではないのか。『一般意志2・0』（講談社）や『福島第一原発観光地化計画』（ゲンロン）での議論も、同じ問題意識から出発しています。
>
> （東浩紀／大山顕『ショッピングモールから考える――ユートピア・バックヤード・未来都市』〔幻冬舎新書〕、幻冬舎、二〇一六年、一八―一九ページ）

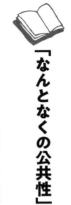

東が図式的に提示している「軽薄な消費者」と「まじめな市民」という対において、ハーバーマスなどが提唱する「意図された公共性」を形作る主体として期待されているのは、明らかに後者でしょう。実際、東はこの引用部分でも挙げている自著『一般意志2・0』でハーバーマスについて触れながら、その思想が基本的には市民が自律的に声を上げることを前提にしていると述べています。しかし、東は、このように「声を上げる」ことだけを前提として民主主義社会が形成されていくことに対する疑問を持っているのです。私たちは全員がそのように自律的な市民ではないし、むしろ「サイレント・マジョリティー」という言葉もあるとおり、声を上げない人のほうが多い。あるいは声を上げたくても上げることができない人もいる。そのような人にとっては、ハーバーマスらが唱えるような公共性の姿というのはあるタイプの人を排除してしまうような考え方なのではないのか。

東は『一般意志2・0』のなかで、そのような「意図された公共性」とは異なる形の公共性のあり方として、ジャン＝ジャック・ルソーの「一般意志」という概念を参照しながら、現代の「Google」のアルゴリズムが新しい公共性のあり方を指し示すのではないかと述べています。詳細は避けますが、東は、ネットの検索や「ニコニコ動画」などのコメントなどによって大衆の集合的な無意識（無意識とは、「なんとなく」、ということでしょう）が可視化されるような空間にこそ、ある種の公共性が見られると考え、そうした「声なき声」が技術的な進展によって可視化された空間での意思決定が、今後の政治や公共空間の創出に重要なのではないかと述べています。

つまり、これまでの「公共性」が前提としてきた「コミュニケーション」や「声を上げる」という「意図」にあふれた行為を前提としないで、さまざまな人の無意識的な、なんとなくの欲望がその公共性に反映されるような空間を、東は新しい公共空間として捉えているのです。

こうした東の議論は、ネット空間だけでなく、実際の物理空間でも考えられていきます。東は、ショッピングモールを参考にして、人々の個人的な欲望を満足させるための空間が、逆に多くの人にとって開かれた公共的な空間になりうることを指摘しています（前掲『ショッピングモールから考える』）。例えば、ショッピングモールでは個々人が買い物をしやすくするためにその動線が設計されたり、モール内の気温が一定になっていたりします。それによって、例えばベビーカーなどを押して歩く家族にも歩きやすい空間がそこには生まれています。それは、消費者が声を上げて企業側と討議したうえでそのようになっただけではなく、むしろ消費者がなんとなくそのように動く行動パターンを企業側が読み取って、それに合致するような動線を作っているわけです。そのことによって、結果的にベビーカーを押した家族連れでも入りやすい空間がそこに生まれているのです。それは、ショッピングモール側が公共性を意識しようとして作り出した空間というよりも、買い物客により快適な空間を提供して売り上げを上げようという資本主義的な欲望の結果として生み出された公共性です。そのような「結果として生まれる」公共性は、資本主義が浸透し、人々が自分の価値観で行動するようになった時代特有の新しい公共性であると東は指摘します。

これを今回の私の議論に引き寄せるなら、こうした、人々がなんとなく動くことによって自然と生み出されてくるような公共性を「なんとなくの公共性」と呼んでみたいのです。私たちがこれまで語ってきたブックオフについての議論は、東が『一般意志2・0』で述べたような、集合的無意識が空間的に可視化された空間としてきわめて興味深い意味を持っているのではないかと思います。何度も語ってきたように、ブックオフの空間では、「なんとなく」さまざまな本や商品が集積されています。だからこそ、そこにはさまざまな本との出会いが詰まっていて、そこにさまざまなものとの出会いを果たしうる「公共空間」が生まれているようにも思えます。しかし、それはそれぞれの利用者が「公共的であろう」とか「みんなのためになることをしよう」と自発的におこなっていることではありません。そのような自発的なコミュニケーションを前提としていないわけです。むしろ家の本が多くなってしまったから売りたい、とか、安く本を買いたい、あるいは企業側にしてみればそのような経営スタイルが儲けになるからこそ、そのようにしているわけです。それにもかかわらず、なぜかそれが「公共的」なものへとつながっていってしまう、そこにブックオフの空間の面白さがあると思いますし、それこそが「なんとなくの公共性」だと思うのです。

「なんとなくの公共性」が具体的に表れている姿として私が興味深いと感じているのは、作家として知られているphaとブックオフの関わりについてです。phaは次のように書いています。

しょっちゅうブックオフに行っていると、「この本なら大体どこのブックオフにもある」とか「この本なら三軒回れば百十円で買える」という目星が大体つけられるようになる。家の本棚のキャパには限りがあるので、ブックオフでいつでも安く手に入る本は、読み終わったらすぐに処分してしまう。読み返したくなったらまたブックオフに行って買う。そうするとブックオフは自分の本棚の延長になる。
（「ブックオフがあれば生きていけるような気がした」二〇二一年三月二十二日「ブックオフをたちょみ！」）

興味深いのは、phaがブックオフの書棚を「自分の本棚の延長」として捉えていることです。本来的には「書棚」とはきわめてプライベートな空間です。そんな私的な空間であるはずの「書棚」がブックオフを利用することで「公的」なものになる。phaは意識して公共的であろうとしているわけではありません。むしろphaの著作を読むと、彼は社会をよりよくしていこうという発言を自律的におこなうような積極性がある人間ではない、と自分自身のことを評価しています（そのスタンスは彼の著書『持たない幸福論――働きたくない、家族を作らない、お金に縛られない』〔幻冬舎、二〇一五年〕で顕著に表れています）。つまり、ハーバーマスやアーレントが求めた市民とは異なるタイプだといえるでしょう。そのようなphaが自然と、自身の本棚とパブリックスペースを融和させ、公共空間を生み出すような結果を生んでいるのです。同じ文章でphaは「本が読みたいかどうかもわからないけど、特にしたいことも思いつかなくて、なんとなく何か面白いことはないかな、とぼんやり思っているようなとき。そんなときに、ついブックオフに向かってしまうのだ。ブックオフは、そんな曖昧な気持ちを受け止めてくれる」と書いています（同ウェブサイト）。まさに目的がない、なんとなくの行動が許される空間としてブックオフを描いていることは、「なんとなくの公共性」にとって興味深いことだと思います。

このように、ブックオフが持っている「なんとなく」の空間は、これまでの公共性の議論が見落としてきた「意図」からこぼれ落ちてしまう「なんとなく」を拾い上げる際に重要性を持っているのです。

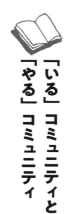

「いる」コミュニティと「やる」コミュニティ

ブックオフ的公共性のあり方をさらに明確にするために、別の例を参照しましょう。ライターでアクティビストである小松理虔が提唱する「「いる」コミュニティ」というコミュニティのあり方です。小松はローカルアクティビストとして、福島県いわき市を中心として地域の課題に向き合い、地域の人々の集まりを作る活動をおこなっています。そのなかで彼が志向するコミュニティのあり方が、この「「いる」コミュニティ」です。小松はこのコミュニティの特徴を明らかにするために、それとは質が異なる「やるコミュニティ」を説明しています（小松理虔『地方を生きる』〔ちくまプリマー新書〕、筑摩書房、二〇二一年）。

「やるコミュニティ」とは何か。それは、人々がある一つの目的に向かって一致団結し、同じ方向を向いて自発的に関わり合い、一つの目標に向かっていこうとするコミュニティのあり方です。例えば、雑誌を作る団体があったとして、そこではコミュニティの成員はみんな「雑誌を作る」という一つの目的に向かって同じ方向を目指しています。そして、そこで人々はその雑誌を作るために自発的に自らの能力を生かしたり協力したりします。現代で「コミュニティづくり」といったときにイメージされるのは、ほとんどがこのようなコミュニティのあり方でしょう。実は、こうした「やるコミュニティ」がここまでの私たちの議論にとって重要であるのは、「意図された公共性」は、この「やるコミュニティ」としての姿を持っているのではないかと思うからです。人々がある「意図」を持ってその行為を協働的におこなう空間。そこでは、ただぼんやりと、なんとなくいるということは許されず、市民は自分自身の意見を明確に持ち、それを人に向けて発信することでよりいい世の中を作っていくという義務を持っているのです。

小松はこうした「やるコミュニティ」を否定はしませんが、それだけしかコミュニティの形がないということに疑念を呈します。その「やるコミュニティ」を補完する存在として語られたのが「いるコミュニティ」です。小松は、このコミュニティの大きな特徴を、コミュニティの成員が「ただ「いる」」ことだと述べています。そこでは成員は一つの場所にただいるだけで、それぞれが全く異なることをおこなっています。その場所でどのようなことをするのかは各人に任されていま す。それが「やるコミュニティ」との大きな違いです。小松はこれをそれぞれの人が「いたいようにいる」と表現していますが、そこでコミュニティの成員は何かをやってもいいし、やらなくてもいい、ただなんとなくいることが許されるわけです。小松はこの「いるコミュニティ」の発想を、静岡県にあるクリエイティブサポートレッツという障がい者福祉施設に通うことによって得ました。レッツでの障がい者支援のあり方は、それぞれの入居者がやりたいことをやる、ということに焦点化されていて、障がい者が一般社会でも生きていけるように目的だったプログラムが立てられている一般的な障がい者福祉施設とは大きく異なります。そのような施設だからこそ、小松はこのようなコミュニティのあり方を発見したわけです（「いるコミュニティ」の具体的な姿を見たい方は、小松が書いた『ただ、そこにいる人たち――小松理虔さん「表現未満、」の旅』〔クリエイティブサポートレッツ／小松理虔、現代書館、二〇二〇年〕を読むといいでしょう）。

ここで私が述べたいのは、もしかするとブックオフに見られる「なんとなくの公共性」は、小松が提唱する「いるコミュニティ」的な様相を持っているのではないかということです。すでに本書で何度も言及してきたように、ブックオフには多種多様な本が集積されています。そこでは、たださまざまな本や商品が「なんとなく」積み重なっています。ある意味では、そこに置かれている本は何か一つの目的があって置かれているわけではありません。そして、同時に私たちはブックオフに行き、何の目的もなくそこを歩くことが許されている存在でもあります。すでに本書のいくつかの章で見てきたように、私たちはそこでさまざまに「あそぶ」ことができますし、そこを自由に「めぐり」、そこから何か新しいコンテンツを「つくる」ことができます。それぞれがそれぞれの方法でブックオフを楽しむことができるのです。

先ほどの引用でも挙げたphaがブックオフについて次のように書いています。

新刊書店には、「本を売りたい！」という気迫が満ち溢れている。それは、「この内容を読んでほしい！」という著者の思いでもあるし、「この本がたくさん売れてほしい！」という出版社の思いでもあるし、「面白い本をたくさんの人に届けたい！」という書店の思いでもある。

（略）

それに比べて、ブックオフには「この本を売りたい！」という圧が全くない。ブックオフにはただ、買い取られてきた本が機械的に並んでいるだけだ。その棚の並びには誰の意志も介入していない。

ブックオフにいると何も押し付けられることがない。だから気分が落ち着く。世の中には読まなきゃいけない本なんてない。本なんて、別に買ってもいいし買わなくてもいい。読んでもいいし読まなくてもいい。ただ、読みたいときに自分の楽しめる範囲で好きなものを読めばいいのだ。そういえば、そういうものだった。

（前掲「ブックオフがあれば生きていけるような気がした」）


また、第4章でも引用した書評家である三宅香帆の言葉をもう一度引用しましょう。

三宅：ブックオフって「これが売れてますよ」ってレコメンドしてくる棚がほとんどないじゃないですか。私はそこが魅力だと思います。売れ筋の棚みたいなものもあまり見かけないし、あと、何が新刊かわからないのもいいですよね。文脈がない。
谷頭：全部がフラットに扱われてる感じというか。
三宅：そんな中に入って、「いくらでも居て良いからさ、何でも好きな本見て」っていう感じが好きかもしれない。そこに誰の意図もなく、さまざまな本が置いてあることが、一番の魅力に感じますね。
谷頭：書店チェーンでいうと、蔦屋書店の対極ですね。もちろんそれは蔦屋書店の魅力でもあるのですが、あそこは店がテーマ性に基づいた商品を徹底的に押し出しているので。
三宅：だから、ブックオフが「こういう本を売ります」って言い出したらちょっとショックですよね（笑）。

（前掲「28歳書評家が「ブックオフ」に愛と感謝を語る理由」）

ここでphaが語る「ブックオフにいると何も押し付けられることがない。だから気分が落ち着く。世の中には読まなきゃいけない本なんてない」という意識、あるいは三宅が語る「そこに誰の意図もなく、さまざまな本が置いてあることが、一番の魅力に感じますね」という意識は、まさにブックオフが「いるコミュニティ」的な空間であることを表してはいないでしょうか。逆に、phaが新刊書店に感じている「気迫」は、新刊書店の空間が持っている「やるコミュニティ」的な側面を表していると思います。なるほど、確かに新刊書店で売られている本には「売りたい」という気迫があるかもしれません。そこでは「売れる」という行為（「やる」こと）が強く求められています。

しかし、ブックオフにある本は必ずしもそうではない。それらは家庭にあったけれども不必要になってしまった本、あるいは家庭にあって必ずしも不必要とはいえないけれどもスペースの問題なから売られた本です。必ずしも、時のベストセラーがそこに反映されているわけではないし、それらはものすごく売れるわけでもない。もちろん、ブックオフは商売ですから、究極的にはそこで売られているものは「売る」という目的はあるものの、一般の書店に比べると、そこには「目的」や「意図」がきわめて少ないのです。

「やるコミュニティ」的な空間と、「いるコミュニティ」的な空間という視点で、現代の書籍をめぐる空間を見ていくと、興味深いほど、その特徴が見えてきます。この対は、これまで私たちが語ってきた「意図的な公共性（＝「やる」コミュニティ）」、「なんとなくの公共性（＝「いる」コミュニティ）」という対に対応しているでしょう。ハーバーマスやアーレントが述べた自律的で自身の意見を明確に述べる市民を前提とした意図的な公共性は、明らかに市民が同じ目的を持って「やる」ことが求められています。そしてその点で、公共図書館や蔦屋書店、あるいは新刊書店の空間にはこのような公共性が見られます。そこには空間としての方向性が定められていて、そこに向かって本やそこに関わる人たちのあり方の方向性も定められています。まさに「意図された公共性」を目指している。

一方で、ブックオフの空間が持っている「結果的な公共性」はただ、「なんとなく」そこに本が置かれる「いる」コミュニティ的な様相を持っています。そこはただなんとなく本があることによって、より多くの人がいることを許され、そこで遊んだり、そこから文化的な活動をおこなったりすることが許されている空間なのです。そして、ただ方向性が異なるものがひしめいていることによって、私たちはそこで、「意図された公共性」が生み出す以上の、予想外の出会いを果たすことができるのではないでしょうか。いわば、これまで私たちが知らなかったものと出会い、つながることができるのです。

いうなれば、ただなんとなく「ある」とか「いる」ことが結果として多様性につながっていくような空間、それこそが「なんとなくの公共性」を持つブックオフの空間なのではないでしょうか。そこで求められているのは、ただ、さまざまな本があるだけ、そのシンプルな要素です。

ブックオフにとって空間とは何なのか

このように考えたときに、もう一つブックオフ的空間と比較したいのがインターネットの空間です。さまざまなものが「ある」ことが重要ならば、インターネットの空間ほど、さまざまなものがある空間は存在しないでしょう。実際に現在ではブックオフも「ブックオフオンライン」というサイトでインターネット上で古本の売買ができるサービスを展開してもいますし、今後もこうしたネット上での販路は拡大していくでしょう。

また、『一般意志2・0』のなかで東が大きな期待をかけていたのが、「Twitter」でした。もはやいうまでもないかもしれませんが、これは二〇〇六年からサービスがスタートしたSNSで、ツイートと呼ばれる個人のつぶやきに対して、その個人をフォローしている人々がそのつぶやきをリツイートすることができるサービスです。現在では多くの人が使用しているサービスですが、東は「Twitter」が自分のフォローしている人の情報だけがタイムラインに流れてくると同時に、リツイート機能によって自分が全く知らなかった外部の情報とも偶然の出会いを果たすことができるのではないかと述べ、その「出会い」に可能性を見いだしています。そこで外部の人々と出会うことによって、人々は技術的な進展を背景として「公共的」であることができるのではないか、というのです。しかし、近年話題になっているように、リツイート機能があったとしても、人々は自分と同じような考えや意見を持った人の意見ばかりを目にし、それをリツイートすることによって、むしろ考えが似た人との出会いを促進することがわかってきています。いわゆる「フィルターバブル」と呼ばれている現象ですが、「Twitter」ではそのアルゴリズムの外側にいくことが非常に難しいということがわかってきたのです。こうした問題は東自身ももちろん意識していることで、近年ではSNSなどに対して否定的な発言もおこなっています。

そう考えたときに、やはり「いる」コミュニティはネット上では作りづらく、ブックオフという物理的な空間こそが重要なのではないかとも思わされます。この点について興味深い知見を発表しているのが嶋浩一郎です。彼は著書『なぜ本屋に行くとアイデアが生まれるのか』(〔祥伝社新書〕、祥伝社、二〇一三年)で、物理空間に書籍が並べられているという空間性が人の発想をどのように刺激するのかについて述べています。嶋が対象にしているのは新刊書店ですが、これはブックオフでも同じことがいえるのではないでしょうか。物理的に書籍が並べられていることによる意味があるはずです。そしてそれは、いままで私たちが出会うことがなかった発想に出会い、つながることができるということでもあります。

物理的にただ「ある」ということ。ブックオフが持つ「なんとなくの公共性」を考えるにあたって重要なのは、このあまりにもシンプルなことに尽きるのではないでしょうか。

興味深いのは、こうした「物体が存在すること」の重要性は、アーレントも言及していることです。アーレントは公共空間を可能にするものとして、「世界」という概念を提唱しました。齋藤純一は、インタビューのなかで、このように述べています。

『公共性』本でも引いたアーレントの『人間の条件』に、「世界」という概念が出てきます。世界はモノから成り立っています。建築物などのハードなものもあれば、音楽作品や本などのソフトなものもあります。アーレントは、世界を構成しているモノや作品について強調していて、それが丁度人々の「あいだ」にあって介在していくとしています。楽曲や演劇的なパフォーマンスは「あいだ」を構成し、実際にそれを見た人が様々に解釈します。同じ事柄であっても、人によって見方やアプローチの仕方、使い方は異なるわけです。

SNSみたいなものは、エコー・チェンバー(Echo chamber)、すなわち、自分の声があらゆる方向から増幅されて返ってくる閉じた空間、一見開かれているようでいて実はかなり閉鎖的で同質的な空間です。とするとウェブ上の関係よりもむしろ、モノとか作品を媒介とした関係の方が、複数性や多元性が成り立つかもしれないということになります。

（「いま、2018年の公共性について考える【齋藤純一インタビュー：前編】」二〇一八年十二月十九日「sotonoba.place」、「公共性とモノ、そして空間の可能性【齋藤純一インタビュー：後編】」二〇一八年十二月二十日「sotonoba.place」）

人と人との間にあって、それを媒介するような物がこの「世界」であるというのですが、なるほどブックオフの空間に本や商品が存在しているということは、まさにこの「世界」が存在していることと同義なのかもしれません。そして、その本やさまざまな商品を媒介として、そこに複数性や多元性が生まれる。つまり、私たちが見知らぬ他者と「つながる」わけです。その意味で、ブックオフの商品が作り出す「世界」が、見ず知らずの私たちをつなげているのかもしれません。

このように、ブックオフの空間は、さまざまな商品が「ある」（「いる」）ことを通して、私たちをつなげています。ここで留意しておきたいのは、小松が語る「いる」コミュニティと「やる」コミュニティは相補的なものであったということです。本書はテーマをブックオフに据えているため、新刊書店や蔦屋書店、旧来の古本屋とは異なる存在としてブックオフを語ってきましたが、それはブックオフだけがすばらしく、書店空間として優れているといいたいのではありません。むしろ、新刊書店や蔦屋書店なども並ぶ存在としてブックオフを扱うことによって、この世界にある書店空間の多様性を肯定したいという気持ちが筆者にはあります。

いろいろな書店がある。そして、いろいろな書店があっていい。

こう書くとあまりにも陳腐なことかもしれませんが、しかしこれは非常に大事なことだと思います。新刊書店の空間や蔦屋書店の空間も必要だし、しかしそれと同じぐらい、ブックオフの空間も面白くて私たちに必要な存在なのではないか。もちろん、かつてブックオフが誕生したことによって、多くの古本屋が経営危機に晒されたり、実際に閉業に追い込まれた店もあります。その点で確かにブックオフは、かつての書籍をめぐる空間の多様性を失わせた、いわば公共空間を破壊するようなこともあったと思います。しかし、その点だけを捉えてブックオフを批判するのではなく、むしろ現在のブックオフの空間をしっかりと見つめることによって、そこに生まれている新しい公共性（あるいは、その萌芽？）に目を向けることも必要ではないでしょうか。

そして、そこに見られる公共性とは、現代社会には少ない「なんとなくの公共性」であって、その点でブックオフは面白いのだし、ほかのさまざまな書籍をめぐる空間のなかの一つとして語られるべき存在だと思っています。

参考文献・ウェブサイト

プロローグ

●宮沢章夫『サーチエンジン・システムクラッシュ』(文春文庫)、文藝春秋、二〇〇五年

序章

●「ブックオフ創業30周年記念！　スペシャル座談会――8人の社員たちが語る、創業から未来まで」二〇二〇年五月十四日「ブックオフをたちよみ！」(https://bookoff-tachiyomi.jp/list/43/)

●野口晃「あの〝ジリ貧〟ブックオフが地味に復活した――2年間の売り場改革で脱「古本屋」の境地」二〇一九年四月二十一日「東洋経済オンライン」(https://toyokeizai.net/articles/-/276950)

●田中訓「マーケティング徹底のコンビニ感覚古本屋」「Venture link」一九九一年十月号、ベンチャー・リンク

●「古本業界の革命児「ブックオフオフコーポレーション」のユニークな経営」「実業往来」一九九四年五月号、実業往来社

●加藤直美『コンビニと日本人――なぜこの国の「文化」となったのか』祥伝社、二〇一二年

第1章

●坂本孝／村野まさよし、松本和那編著『ブックオフの真実――坂本孝ブックオフ社長、語る』日経BP社、二〇〇三年
●柳瀬博一『国道16号線――「日本」を創った道』新潮社、二〇二〇年
●「古本業界の革命児『ブックオフオフコーポレーション』のユニークな経営」「実業往来」一九九四年五月号、実業往来社
●「魅力のない書店経営に喝を入れる！――怖いもの知らずの素人集団が、再販制度に挑戦し、新市場と顧客を開拓して急成長中」「2020AIM」一九九四年十月号、オフィス2020
●宮崎伸一「起業人――坂本孝（ブックオフコーポレーション）――「一〇〇人の社長を育てたい」と夢見る「永遠の起業家」」「週刊ダイヤモンド」一九九八年十月二十四日号、ダイヤモンド社
●大塚桂一『ブックオフ革命』データハウス、一九九四年
●「古本のチェーン展開で業界初の店頭公開目指すブックオフコーポレーション」「経済界」一九九五年七月号、経済界
●「流通革命の寵児「ブックオフ」に噛みついた出版社社長」「週刊文春」二〇〇〇年八月三日号、文藝春秋
●小田光雄『古本屋散策』論創社、二〇一九年
●小田光雄『出版社と書店はいかにして消えていくか――近代出版流通システムの終焉』ぱる出版、一九九九年→論創社、二〇〇八年
●小田光雄『ブックオフと出版業界――ブックオフ・ビジネスの実像』ぱる出版、二〇〇〇年
●小田光雄『書店の近代――本が輝いていた時代』（平凡社新書）、平凡社、二〇〇三年

●小田光雄『〈郊外〉の誕生と死』青弓社、一九九七年→論創社、二〇一七年
●三浦展『ファスト風土化する日本――郊外化とその病理』（新書y）、洋泉社、二〇〇四年
●松井和志「ブックオフという妖怪が徘徊している」「新潮45」二〇一〇年一月号、新潮社
●「熱愛座談会 高原書店について語ろう！」、本の雑誌編集部編『古本の雑誌』（「別冊本の雑誌」第十六巻）所収、本の雑誌社、二〇一二年
●谷頭和希「ブックオフは公共圏の夢を見るか――第1回 ブックオフという「図書館」の登場」二〇一九年二月十四日、「マガジン航」(https://magazine-k.jp/2019/02/14/bookoff-as-public-sphere-01/)
●「夏葉社、ブックオフを語る本「売れてます」」二〇二〇年十二月六日「リサイクル通信」(https://www.recycle-tsushin.com/news/detail_5436.php)
●武田砂鉄／大石トロンボ／山下賢二／小国貴司／Z／佐藤晋／馬場幸治／島田潤一郎／横須賀拓『ブックオフ大学ぶらぶら学部』岬書店、二〇二〇年→夏葉社、二〇二〇年
●杉山仁「tofubeatsは「ブックオフがなかったらミュージシャンになっていなかった」」二〇二〇年十二月十七日「ブックオフをたちよみ！」(https://bookoff-tachiyomi.jp/list/1027/)
●藤谷千明「文化に憧れる地方の少女は、今日もブックオフに行く」二〇二一年六月十日「ブックオフをたちよみ！」(https://bookoff-tachiyomi.jp/list/3957/)
●堀内圭子「消費者のノスタルジア――研究の動向と今後の課題」、成城大学文芸学部編「成城文芸」第二百一号、成城大学文芸学部、二〇〇七年
●及川全体「ブックオフで本が足りない…なぜ在庫不足に陥ったのか？〝古本〟需要の急増に追いつかず」二〇二〇年十月三日「Business Journal」(https://biz-journal.jp/2020/10/post_182471.html)

●雨宮処凛編著、倉橋耕平／貴戸理恵／木下光生／松本哉『ロスジェネのすべて——格差、貧困、「戦争論」』あけび書房、二〇二〇年
●西井開『「非モテ」からはじめる男性学』（集英社新書）、集英社、二〇二一年
●熊代亨「なぜ非モテ論議が衰退していったのか——非モテ同人誌『奇刊クリルタイ』を振り返りながら」二〇一二年六月二十日「シロクマの屑籠」（https://p-shirokuma.hatenadiary.com/entry/20120620/p1）
●島田潤一郎「ブックオフに孤独を救われた男がブックオフの本を出す話」二〇二一年一月二十日「ブックオフをたちよみ！」（https://bookoff-tachiyomi.jp/list/1186/）
●ハワード・シュルツ／ジョアンヌ・ゴードン『スターバックス再生物語——つながりを育む経営』月沢李歌子訳、徳間書店、二〇一一年

第２章

●劔樹人「劔樹人の「ブックオフが一番好きだった」あの頃の話」二〇二一年六月三十日「ブックオフをたちよみ！」（https://bookoff-tachiyomi.jp/list/2223/）
●とみさわ昭仁「1日に15店も回る!? 異常にブックオフが好きな男たちのオススメ店舗は？」二〇二〇年十月十五日「ブックオフをたちよみ！」（https://bookoff-tachiyomi.jp/list/652/）
●「BOOKOFF GROUP HOLDINGS」（https://www.bookoffgroup.co.jp/）
●赤瀬川原平／藤森照信／南伸坊編『路上観察学入門』（ちくま文庫）、筑摩書房、一九九三年
●堀野彩「路上観察学会」「artscape」（https://artscape.jp/artword/index.php/%E8%B7%AF%E4%B8%8A%E8%A6%B3%E5%AF%9F%E5%AD%A6%E4%BC%9A）

第3章

● ヨッピー「地味ハロウィンの予選大会を勝手にブックオフで開催してみた」二〇二二年十一月二日「ブックオフをたちよみ!」(https://bookoff-tachiyomi.jp/list/5002/)

● 谷頭和希「ブックオフで一番高い本を探す」二〇二〇年八月二十五日、「デイリーポータルZ」(https://dailyportalz.jp/kiji/finding-expensive-book-in-bookoff)

● 青木淳『原っぱと遊園地——建築にとってその場の質とは何か』王国社、二〇〇四年

● ロジェ・カイヨワ『遊びと人間』多田道太郎/塚崎幹夫訳(講談社学術文庫)、講談社、一九九〇年

● ホイジンガ『ホモ・ルーデンス 改版』高橋英夫訳(中公文庫)、中央公論新社、二〇一九年

第4章

● wezzy編集部「あいみょんの歌詞には官能小説を読んで学んだテクニックが使われている?」二〇一九年四月十四日「wezzy」(https://wezz-y.com/archives/65143)

● 永田守弘編『官能小説用語表現辞典』(ちくま文庫)、筑摩書房、二〇〇六年

● 「あいみょんが語る、表舞台に立つ自分と、大家族の1人としての自分」二〇一八年四月二十五日「CINRA」(https://www.cinra.net/article/interview-201804-aimyong)

● 五十嵐大「あいみょん「本は作家さんの努力の結晶。だからこそ、大切にしたい宝物なんです」」二〇二〇年九月四日「ダ・ヴィンチWeb」(https://ddnavi.com/interview/667536/a/)

● tofubeats「Wi-Fiがあれば音楽はどこでもできる」二〇一四年十一月二十四日「NIKKEISTYLE」(https://style.nikkei.com/article/DGXMZO79856830Y4A111C1000000/)

●嘉島唯「90年生まれのアーティストtofubeatsさん「URLが現実をエンパワーしてるのが今」」二〇一四年十月一日「GIZMODO」(https://www.gizmodo.jp/2014/10/tofubeats.html)

●杉山仁「tofubeatsは「ブックオフがなかったらミュージシャンになっていなかった」」二〇二〇年十二月十七日「ブックオフをたちよみ！」(https://bookoff-tachiyomi.jp/list/1027/)

●藤谷千明『オタク女子が、4人で暮らしてみたら。』幻冬舎、二〇二〇年

●NordOst「Telematic Visionsインタビュー「コンテキスト」と「ビジュアルイメージ」との相互作用によって生まれる新たなサウンドスケープに迫る」二〇二二年二月十一日「SOUNDMAIN」(https://blogs.soundmain.net/11806/)

●谷頭和希インタビュー「17歳高校生DJが語る「ブックオフ」再評価の必然——一一〇円棚は今や少ない「アルゴリズムの外側」だ」二〇二二年八月二十日「東洋経済オンライン」(https://toyokeizai.net/articles/-/606560)

●三宅香帆『それを読むたび思い出す』青土社、二〇二二年

●三宅香帆「ブックオフで育った書評家は今、ブックオフになりたいと思っている」二〇二二年七月十五日「ブックオフをたちよみ！」(https://bookoff-tachiyomi.jp/list/4252/)

●谷頭和希／三宅香帆「28歳書評家が「ブックオフ」に愛と感謝を語る理由——「チェーン＝貧困の代名詞」という考えに疑問」二〇二二年八月六日「東洋経済オンライン」(https://toyokeizai.net/articles/-/604238)

●谷頭和希『ドンキにはなぜペンギンがいるのか』(集英社新書)、集英社、二〇二二年

●毛利嘉孝『ストリートの思想——転換期としての1990年代』(NHKブックス)、日本放送出版協会、二〇〇九年

終章

●齋藤純一『公共性』（思考のフロンティア）、岩波書店、二〇〇〇年

●重永瞬／谷頭和希／水野広介「BOOKOFFとヤマダデンキはほぼ同じ店舗数。店舗の分布に潜む各チェーンの本質とは」二〇二二年十一月十四日「集英社オンライン」（https://shueisha.online/culture/71865）

●「ブックオフの危機を救った社会貢献プロジェクト――Room to Readとの協業「BOOKS TO THE PEOPLE」」二〇一一年五月十三日「academyhills」（https://www.academyhills.com/note/opinion/11050904_bowithrtr.html）

●増田宗昭『知的資本論――すべての企業がデザイナー集団になる未来』CCCメディアハウス、二〇一四年

●伊藤大貴「TSUTAYA書店に学ぶ、官民共創における「成功の方程式」」二〇二三年四月十一日、「日経ビジネス」（https://business.nikkei.com/atcl/gen/19/00464/041000023/）

●杉本りうこ「TSUTAYA図書館に協業企業が呆れた理由――CCCとの公立図書館運営の協業見直しへ」二〇一五年十月二十九日「東洋経済オンライン」（https://toyokeizai.net/articles/-/90216）

●「全国学校図書館協議会図書選定基準」「全国学校図書館協議会」（https://www.j-sla.or.jp/material/kijun/post-34.html）

●千川剛史『公共圏の社会学――デジタル・ネットワーキングによる公共圏構築へ向けて』法律文化社、二〇〇一年

●東浩紀『一般意志2・0――ルソー、フロイト、グーグル』講談社、二〇一一年

●東浩紀／大山顕『ショッピングモールから考える――ユートピア・バックヤード・未来都市』（幻冬舎新書）、幻冬舎、二〇一六年
●pha「ブックオフがあれば生きていけるような気がした」二〇二一年三月二十二日「ブックオフをたちよみ！」（https://bookoff-tachiyomi.jp/list/1462/）
●pha『持たない幸福論――働きたくない、家族を作らない、お金に縛られない』幻冬舎、二〇一五年
●小松理虔『地方を生きる』（ちくまプリマー新書）、筑摩書房、二〇二一年
●クリエイティブサポートレッツ／小松理虔『ただ、そこにいる人たち――小松理虔さん「表現未満、」の旅』現代書館、二〇二〇年
●嶋浩一郎『なぜ本屋に行くとアイデアが生まれるのか』（祥伝社新書）、祥伝社、二〇一三年
●本澤絢子「いま、２０１８年の公共性について考える【齋藤純一インタビュー：前編】」二〇一八年十二月十九日「sotonoba.place」（https://sotonoba.place/publicsaitointerview1）
●本澤絢子「公共性とモノ、そして空間の可能性【齋藤純一インタビュー：後編】」二〇一八年十二月二十日「sotonoba.place」（https://sotonoba.place/publicsaitointerview2）

初出一覧

本書のもとになった記事は以下のとおりである。書籍化にあたり、いずれも大幅な加筆と修正を加えている。

序　章　いまこそ、ブックオフを考えよう

「ブックオフは公共圏の夢を見るか――第5回　ブックオフで神隠しに遭う」二〇二〇年一月二十九日、「マガジン航」（https://magazine-k.jp/2020/01/29/bookoff-as-public-sphere-05/）
「ブックオフは公共圏の夢を見るか――第1回　ブックオフという「図書館」の登場」二〇一九年二月十四日、「マガジン航」（https://magazine-k.jp/2019/02/14/bookoff-as-public-sphere-01/）
「ブックオフは公共圏の夢を見るか――第2回　ブックオフ・図書館・コンビニ」二〇一九年三月十九日、「マガジン航」（https://magazine-k.jp/2019/03/19/bookoff-as-public-sphere-02/）
「ブックオフは公共圏の夢を見るか――第3回　ブックオフを「戦術」的に考える」二〇一九年十月十七日、「マガジン航」（https://magazine-k.jp/2019/10/17/bookoff-as-public-sphere-03/）

第1章　「かたる」――ブックオフはどう語られてきたのか

「ブックオフは公共圏の夢を見るか――第8回　ブックオフ肯定論を検討する（その1）」二〇二二年一月十二日、「マガジン航」（https://magazine-k.jp/2022/01/12/bookoff-as-public-sphere-08/）

「ブックオフは公共圏の夢を見るか――第9回　ブックオフ肯定論を検討する（その2）」二〇二二年二月一日、「マガジン航」（https://magazine-k.jp/2022/02/01/bookoff-as-public-shere-09/）

「ブックオフは公共圏の夢を見るか――第10回　ブックオフ肯定論を検討する（その3）」二〇二二年三月七日、「マガジン航」（https://magazine-k.jp/2022/03/07/bookoff-as-public-sphere-10/）

第2章　「めぐる」――ブックオフから都市を眺めて

「ブックオフは公共圏の夢を見るか――第4回『小林秀雄全作品』を売る者の悲劇」二〇一九年十二月十九日、「マガジン航」（https://magazine-k.jp/2019/12/19/bookoff-as-public-sphere-04/）

「ブックオフは公共圏の夢を見るか――第6回　ブックオフが街のイメージを変えることだってある」二〇二〇年十二月八日、「マガジン航」（https://magazine-k.jp/2020/12/08/bookoff-as-public-sphere-06/）

第3章　「あそぶ」――ブックオフは原っぱだ！

「3000円ブックオフで、ブックオフを遊び尽くす」二〇二一年七月二十日、「デイリーポータルZ」（https://dailyportalz.jp/kiji/3000yen-book-off）

「ブックオフは公共圏の夢を見るか――番外編　ブックオフのバイブスを可視化した「3000円ブックオフ」――♨さんインタビュー」二〇二二年五月十日、「マガジン航」（https://magazine-k.jp/2022/05/10/

book0ff-as-public-sphere-bangai01/)

第4章「つくる」――ブックオフ文化人たちのこと
書き下ろし

終　章「つながる」――ブックオフが生み出す「公共性」とは
書き下ろし

あとがき

ブックオフという「なんとなく」の空間を考えること。それが本書で一貫して書いてきたことだ。思えば、本書もまた、「なんとなく」の産物だったな、という気がする。気がつくといつの間にかできていた、というのが正直なところなのだ。いや、そんなことは絶対になくて、作者である私がそのときどきの締め切りに追われながら「意図」を持って書いたはずだ。そんなことはわかりきっているのだが、それでもどこかに、「本書は私の意図を離れたところで、なんとなくできていた」と言いたくなる気持ちが顔をのぞかせている。

そもそも、私はブックオフについて強い興味を持っていたわけではなかった。それにもかかわらずブックオフについて書いたきっかけは、友人のなにげない一言だった。なぜかいまでも強烈に覚えているのだが、東京・高田馬場の串鐵という焼き鳥屋で、友人のフジキと飲んでいたときに、「ブックオフについてなんか書いてよ」と言われたのだ。生ビールを飲み、大根おろしの上にうずらの卵の黄身がのっているお通しをつついていたときだ。すぐに書いたわけではなかったのだが、その後、私は「マガジン航」に掲載してもらうための原稿を用意するにあたって、この言葉を思い出し、ブックオフについて書くことに決めたのだ。その「マガジン航」での連載のあとに、「デイリーポータルZ」などでも執筆する機会をもらい、ブックオフについて書く機会が増えていった。はじまりに友人の言葉があった。

本書の依頼がきたのは、二〇二二年の四月あたりで、私がちょうど前著『ドンキにはなぜペンギンがいるのか』を上梓したころだ。そろそろ次の仕事に取りかかろうと思い始めていたとき、渡りに船とはこのことか、青弓社の小林純弥さんから連絡があった。すでに書いていたブックオフについての原稿を一つにまとめた「ブックオフ論」を書いてほしい、というものだった。すぐに引き受けた。

それにもかかわらず、承諾してから困ったことに気がついた。前著の『ドンキにはなぜペンギンがいるのか』は一つの文章の各部分を膨らませて書いたから本の全体構想があったけれど、本書のもとになるブックオフについての原稿は内容がバラバラ。それを統一することが難しく思えたのだ。このバラバラの内容をすべてまとめる「なにか」が必要だ――。その「なにか」に私は頭を悩ませた。

しかし、不思議なことが起こった。とにかく月に一回やってくる締め切りに合わせようと毎日考え考え、日々の隙間時間で原稿を書き書きしていくうちに、あるときふと、「なんとなくってことか」。そうひらめいたのだ。通勤途中の坂道の途中だった。横には自動販売機が立っていた。そこから、本の方向性が定まった。全体のテーマを「なんとなく」に絞り、それがブックオフをいかに面白く、かつ、興味深い空間にしているのかを書いていくことにした。この「ひらめき」。普通に考えれば自分が自分の頭で考えたことなのだけれど、でも、どうしても自分ではなく、自分以外の何者かが私に考えさせたのだとしか思えない。「ひらめき」という言葉は「閃き」とも書くとおり、雷と深い関係を持つそうだが、その雷の語源は「神鳴り」。まさに、神のごとく、人間ならざるものが、あの坂道の瞬間に私の頭に降りてきたのではないか。だから、そこに私の意図は介入しておらず、本書自体もまた「なんとなく」生まれたのではないかと思ってしまうのだ。

ところで、二〇二二年、私は初めて社会人になった。そんな新社会人のバタバタをよそに、原稿の締め切りはやってくる。締め切りとは非人間的なシステムである。何をどうしたってやってくる。そんな締め切りに合わせて私はとにかくいま出せるかぎりの力を出そうと思った。よく、「締め切りが原稿を書かせる」というが、本当にそんな気持ちで、締め切りに合わせて必死に手足をばたつかせていたら、原稿ができていた。もはやこの原稿を書いたのは、私なのか締め切りなのか、わからない。

だから、気がつくといつの間にか本ができていた、と書いたのだ。フジキの言葉があり、小林さんのメールがあり、「神のひらめき」があり、締め切りがあった。自分とは異なる何かの相互作用によって本書は生まれ出ていた、そんな気になってくる。

思えば、これまでの人生も、そんな「なんとなく」の錯覚の連続だった。気づいたら、ここにいた――。そんなことが多すぎる。自分史を語るつもりではないが、だいたいなぜ私はチェーンストアについて本を書く人になってしまったのか。後悔しているわけではないが、素朴に不思議なのだ。もちろん、その場その場での選択には明らかに自分の意図がはたらいているのだが、でも、それをあとで振り返ると、どこか「自分の人生はなにか私が推し量れぬ力によって動かされているのではないか」という陰謀論じみた考えを捨てきれない。そう考えてみると、私自身もまた、ブックオフのように「なんとなく性」が高い存在だったのかもしれない。

明確な意図を持つわけではなく、流されるようにして生きている人。こう書くとなんだかあんまり人に誇れるような生き方ではない。学校で習うのは、自分のことを自分でしっかり決められるようになり、明確な志を持った大人になることの大切さだ。そんな姿との、あまりの乖離。社会はますます、そうした「意図する人間」を求めている。小学生のころから、中学受験に向けて明確に志望校を決めて明確な進路を求められる。大学に行けば、就職活動で自分自身がいかに優れた人間であるのかを明確な意見を持って言わなければならない。そうでなくては、社会のコースから外れてしまう。

意図に満ち溢れたこの世界で、こういう「なんとなく」のスタンスがあってもいいのではないか。私がブックオフを新刊書店や旧来の古本屋と並ぶ存在として重要だと考えているのは、この点からだ。つまり、現代では切り詰められている「なんとなく」の領域を確保する空間としての価値をその空間は持っているのではないか。

もちろん、今後もブックオフがこのような姿を保ち続けるかはわからない。捉えようによっては、もうすでにそのような「なんとなく性」が低くなっていると考えることもできる。でも、変わらないのはこうした「なんとなく」の空間の重要性であり、そうした空間がどのように出現するのかを考えることである。

そんなふうに、本書は、私の「なんとなく」の人生の延長で「なんとなく」できたように感じられる。そんな「なんとなく」を呆れずに支えてくださった人々のおかげで本書は生まれた。

本書のもとになる「マガジン航」での連載を編集していただいた書評家の仲俣暁生さんには、出版業界のなんたるかをほとんど知らない私がブックオフについて書く、というある種の野蛮な振舞いを温かく見守っていただき、連載全体の方向性を適切に指導してくださった。仲俣さんがいなければ本書のスタンスは生まれていなかった。そして、本書の編集を担当してくださった小林さんは、私のブックオフ論を深みのあるものにしていただいた。当初「マガジン航」で連載していたものよりもぐっと深まった部分があるのは、小林さんから月に一度いただいた助言のおかげである。また、本書にも登場した記事の編集をしていただいた「デイリーポータルZ」の林雄司さん、「東洋経済オンライン」の岡本拓さんからも大きな示唆をたくさんいただいた。加えて本文中でインタビューをさせていただいたとみさわ昭仁さん、♨（温泉マーク）さん、三千円ブックオフの企画に乗っていただいたみなさんにも感謝である。本文中で触れたさまざまな書籍の著者やアーティストの方々にもお礼を述べたい。特にカバーイラストを手がけてくださった斉木駿介さん、章扉や表紙にイラストを快くお貸しいただいた飯島健太朗さんには、本書の世界観に沿ったすばらしいワークアートを担当していただいた。このイラストによって、本書の世界観により浸ることができると思う。また、本書のデザインを手がけてくださった山田信也さんにもお礼を述べたい。ブックオフらしさがあふれる、なんともかわいいデザインだと思う。本当にありがとうございました。

何よりも筆者を支えてくれた家族と友人には感謝してもしきれない。特に、先にも触れたフジキは、いまではボルダリング仲間でもある。居酒屋で「ブックオフについてなんか書いてよ」と言われたときには、二人ともボルダラーになっているなど思いもよらなかった。これも、また人生の「なんとなく」がなせる業か。

もう一人、特別にお礼を述べたいのが、二〇二三年に逝去された劇作家の宮沢章夫さんである。彼は私の大学時代の師匠で、「なんとなく」の大切さを、言葉だけでなく、その生き方からも教えてくださった方である。宮沢先生なくしては、この本を貫くテーマはきっと生まれていなかった。完成したこの本を、ぜひ読んでもらいたかった。もう返事がこないＬＩＮＥに、本書が完成したというメッセージでも入れてみようかと思う。

そして、本書を手に取ってくださったみなさん。ありがとうございます。執筆が忙しいときには、ふと、ブックオフの話なんて誰が読むんだ、というダークサイドの思いが頭をよぎったが、そんな考えを乗り越えられたのは、それもこれもいまこうして本書を読んでいるみなさんがいるからこそです。

本書に関わっていただいたすべての人に感謝を述べて、なんとなく消え入るように「あとがき」を終わろうと思う。

こんな感じでいいだろうか、うん、たぶんいいだろう。

二〇二三年四月

谷頭和希（たにがしら かずき）
ライター・作家
チェーンストアやテーマパークをテーマにした原稿を数多く執筆。一見平板に見える現代の都市空間について、独自の切り口で語っている。「東洋経済オンライン」「Web Across」などで連載を執筆、文芸誌などにも多く寄稿をおこなう
2022年に初の単著『ドンキにはなぜペンギンがいるのか』（集英社）を上梓

ブックオフから考《かんが》える
「なんとなく」から生まれた文化のインフラ

発行 ――――― 2023年6月2日　第1刷
定価 ――――― 1800円＋税
著者 ――――― 谷頭和希
発行者 ――――― 矢野未知生
発行所 ――――― 株式会社青弓社
〒162-0801 東京都新宿区山吹町337
電話 03-3268-0381（代）
http://www.seikyusha.co.jp
印刷所 ――――― 三松堂
製本所 ――――― 三松堂

ISBN978-4-7872-3520-6　C0036